JN102149

組織力 コミュニケーション能力
リーダーシップ キャリア構築力
を全部鍛える

プロジェクト
マネジメント
の本物の
実力がつく本

PROJECT
MANAGEMENT

パラダイスウェア株式会社 代表取締役
橋本将功

SHOEISHA

プロジェクトの成功に必要なものは何か

　突然ですが、一般的にプロジェクトの成功率は何パーセントかご存知でしょうか？

　これにはさまざまな調査がありますが、ある国際的な調査では、プロジェクトの成功率は31パーセントとされています（Standish Group, 2021）。プロジェクトを成功させる際、それを実行するチームや個人に適切なスキルが必要であることは疑いの余地はありません。社会や技術が日々高度化・複雑化している現代、行き当たりばったりで組織や事業に貢献できるプロジェクトを成功させることはほぼ不可能といっていいでしょう。

　「プロジェクト推進に関する意識調査」（ネオマーケティング、2020）によると、約7割のプロジェクトマネージャーが「スキルが不十分」であるとされており、プロジェクトマネジメントのスキルは十分に社会全体に浸透しているとはいえない状況です。

　こうした問題意識から、前著『プロジェクトマネジメントの基本が全部わかる本』では、プロジェクトマネジメントに必要なスキル（交渉・タスクマネジメント・計画立案・見積り・契約・要件定義・設計・テスト・保守改善）を体系化して全体像を明確にすることを目的として出版しました。

　出版後は多くの反響をいただき、プロジェクトマネジメントの実践的なスキル体系に対するニーズを著者として強く実感しました。

プロジェクトに適した環境整備がなされていない

　寄せられた反響の中で、心に残るものがありました。それは、「自分が所属する組織ではさまざまな障害があって、適切なプロジェクトマネジメントのスキルを発揮できない」や「プロジェクトとしての合理性よりも、社内政治などの組織の論理が優先されてしまい、プロジェクトが

失敗してしまう」といったものです。

　確かに、前提条件や環境が整っていないために、プロジェクトマネージャーがいくらスキルを発揮しても成功が困難なプロジェクトは世の中にたくさんあります。

　それは、プロジェクトを実施している組織がプロジェクトという取り組みを適切に理解していないことが大きな理由です。

　そうした状況では、プロジェクトを適切に進めるためのスキルだけでなく、プロジェクトに適した環境整備に関する知識や認識も必要となります。

プロジェクトのキャリアに関する理解も不足している

　私がかかわっている企業のコンサルティングや研修、プロジェクトの現場では、プロジェクトマネージャーたちのキャリアの悩みをよく聞きます。

　優秀な人材がプロジェクトで実績を上げる前に挫折してしまったり、せっかく長年の試行錯誤や努力を経て「一人前」になったプロジェクトマネージャーがプロジェクトや転職に失敗してキャリアで迷走してしまったりするのを見聞きすることもしばしばあります。

　プロジェクトは一般的なルーチンワークと比べてハイリスク・ハイリターンな取り組みのため、プロジェクトという生業をキャリアの軸に据える際は環境選びについての知識が欠かせません。しかし、それを知らずに多くの有望な人材がプロジェクトの道から外れてしまうのです。

スキル以外の大切な知識・認識

　日本ではプロジェクトの手法が取り入れられてからまだ月日が浅く、プロジェクトを適切に進めるための知識や認識が十分に浸透していません。

　組織や個人がプロジェクトを継続的に成功させていくには、それを適切に推進するためのスキルだけでは不十分です。スキル以外の次のような知識や認識も必要不可欠なのです。

- プロジェクトに取り組む際にどのようなマインドセットが必要か
- 実行環境をどのように整備していくか、プロジェクトにかかわる人材の育成をどのように行うか
- 個人のキャリアの中でどのように環境を選択して経験を積み上げていくか

　前著の読者の方とやりとりをした中で気づいたのは、こうしたスキル以外の知識や認識の重要性でした。

メタ認知とは何か

　自分自身が周囲とどのようにかかわるか、環境が自分の行動にどのような影響をもたらすかについての認知を、心理学では「メタ認知」とよんでいます。

　メタ認知とは、自分や相手の思考や行動そのものを対象化して認識することにより、より俯瞰して知識や行動を把握することができる能力のことです。

　簡単にいうと「自分やかかわる相手が何を知っているか、何をやっているかを客観的に理解していること」に関する能力です。自分たちが

やっていることを少し俯瞰して状況や物事の構造を理解するイメージを
もつとわかりやすいでしょう。

メタ認知に関してはさまざまな研究がありますが、次のように分類さ
れます（引用：三宮真智子編著『メタ認知』北大路書房、2008）。

- **人間の認知特性についての知識**（個人や人間一般がどのように物事を認知し
  ているか）
- **課題についての知識**（取り組む課題がどのような特性を持っているか）
- **方略についての知識**（目的に応じてどのような方法を利用するか）
- **メタ認知的活動**（認知の改善や目的設定・計画に関する活動）

プロジェクトには適切なメタ認知が必要

プロジェクトを遂行して成功させるうえで、これらのメタ認知は非常
に重要な役割を果たします。

たとえば、立場・ポジションが異なる人が多くかかわるプロジェクト
では、自分や相手がどのようなことを認識しているか（人間の認知特性につ
いての知識）や、抱えている課題やリスクについてよく理解している必要
があります（課題についての知識）。

また、それらの認識に基づいて、プロジェクトや組織でどのような対
策や調整、交渉を行うかを検討する必要もあります（方略についての知識）。
さらに、プロジェクトを事業として俯瞰した際に目標設定や計画立案、
フィードバックの反映などを行っていく必要もあるでしょう（メタ認知的
活動）。

つまり、プロジェクトマネジメントのスキルはプロジェクトを遂行するうえで必要不可欠な知識であるものの、メタ認知の領域までをすべてカバーしているわけではありません。

　プロジェクトを成功させる際、プロジェクトマネジメントのスキルは必要条件ですが、十分条件ではないのです。

　この十分条件に該当するのが、プロジェクトに関する広い領域のメタ認知です。

プロジェクトの成功条件
（組織・コミュニケーション・キャリア）

**プロジェクト
マネジメントの
スキルセット**
（個人でできること）

メタ認知が生きるプロジェクトの領域

　プロジェクトに関するメタ認知は、下記の領域でよく現れます。

- **プロジェクトに取り組む姿勢や考え方**（価値観やポリシー）
- **プロジェクトを取り巻く環境、とくに組織のあり方**
（組織の構成や取り組みの評価）

- **プロジェクトを実行する際のコミュニケーション**
（適切な情報伝達や企業文化）
- **プロジェクトにかかわる際のマインドセットやメンタルの維持**
（リーダーシップとストレスの対処）
- **人生でプロジェクトを積み重ねていく際の考え方**（キャリアの選択）

　これらのメタ認知をいかに適切にもち、日々のプロジェクトの現場や環境整備、意思決定で使えるかがプロジェクトの継続的な成否に大きくかかわります。

　本書では、普段はあまり多く語られることのないプロジェクトのメタ認知をテーマに各章で適切な考え方を説明します。

　そしてプロジェクトのメタ認知こそ、本物の実力をつけるために欠かせないものなのです。

組織と個人に直結するプロジェクトのメタ認知

　仕事で取り組むプロジェクトは、ほとんどの場合一人で成功させることはできず、組織の中で承認を得て予算を獲得し、多くの人とチームを組み、関連する部署や企業と連携しながら進めます。

　スタートアップの場合などは組織や企業文化をつくりながら事業を発展させていく必要があります。このとき、プロジェクトそのものが「頑張って成功させたい」と思えるような求心力をもてる価値観を備えていなかったり、プロジェクトマネージャーがリーダーとして不適切なかかわり方をしていたりすると、どうでしょうか。

　あるいはリーダーがストレスを適切にコントロールできずリタイアしてしまったり、組織がプロジェクトを遂行するのに不適切な環境を提供していたりする場合、どうなってしまうでしょうか。当然プロジェクト

の成功率は非常に低くなるでしょう。

　また、ある個人がプロジェクトを実施する場合、特定の条件下ではうまくいっても、転職したり別のプロジェクトに取り組んだりした場合、環境にうまく適合できずにプロジェクトを成功させることができなくなってしまうこともあります。

　個人がキャリアで経験を積む際、どのように環境を選択し、どのように取り組むかが個人の中長期的な「プロジェクトの成功率」にかかわってくるのです。
　プロジェクトに関するメタ認知をいかに適切にもち、それをどうやって日々の仕事や組織的な判断、環境整備に適応するか。これこそがプロジェクトの成功に関する十分条件です。

成功しようがないプロジェクトに取り組んでいる現状

　私はプロジェクトマネージャーとして23年のキャリアで500件を超えるプロジェクトにかかわり、スタートアップから官公庁、自治体、中小企業、プライム上場企業、グローバル企業など、50社以上ものさまざまな組織にかかわってきました。

　その中で気づいたのは、「ある組織ではあたり前にできることが、他の組織ではいくら言葉や工夫を凝らしても通用せず、それがプロジェクト遂行上の大きな障害になることがある」ということでした。

　いくら優秀なプロジェクトマネージャーや実行チームでも、置かれた立場や1日24時間という時間の制約の中では、できることに限界があります。

メディアで語られる成功談を見ていると、「いいアイディアと優秀なチーム、豊富な資金さえあればプロジェクトは成功できる」と考えがちですが、現実はそうではありません。そのことは、冒頭に示したプロジェクトの成功率の低さが証明しています。

　残念ながら、前提条件や環境が整っていないために、いくら実行チームがスキルを発揮しても成功のしようがないプロジェクトは世の中にたくさんあります。そうしたプロジェクトでも、多くのプロジェクトマネージャーたちは心に不満や失望を抱えながら、ギリギリまで奮闘しています。

　さらに、そうした状況で挫折してしまったプロジェクトマネージャーも世の中にはたくさんいます。たとえば SNS で流れる「素の声」を眺めていると、そうした挫折や無念が世の中に蔓延していることに気づくでしょう。

どうすればプロジェクトはうまくいくのかと考え抜いた知見

　しかし、冷静になって考えてみると、プロジェクトの成功を願っていない人はほとんどいないことに気がつきます。組織への影響が大きい新規事業や DX（業務改革・組織改革）のプロジェクトでは悪意ある妨害者がいることもありますが、私の経験上、それはごく少数です。ほとんどのプロジェクトは多くの人の願いや希望から始められます。

　ところが、プロジェクトに適切なメタ認知を知らないことで、かかわる人々の思惑がいつの間にかずれてしまい、次第に利害が衝突するようになり、結果的にプロジェクトが失敗します。すると、多額の投資が失われ、かかわった人が傷ついてしまうのです。

これはいわば、荒れ地に種もみだけをまいて農作業のスキルだけで稲の豊作を期待しているようなものです。継続的な豊作を願うなら、稲作についての取り組み方の姿勢や考え方、環境の整備、人材の育成や人生設計についてのメタ認知も必要となるでしょう。

　私は多くの前提条件の異なる組織でプロジェクトを実施する中で、プロジェクトの成功に関してスキルが寄与できる領域は限られていることに気づきました。そこから、「プロジェクトの成功の十分条件」は何かをつねに考えるようになりました。
　普段から自分の中で「どうすればプロジェクトはうまくいくのか」について仮説を立て、その仮説に基づいてプロジェクトを実践して、知見を積み上げてきました。同時に、他の優秀なプロジェクトマネージャーたちとこうしたことを議論する中で汎用性のある知恵になるように組み立ててきたものが本書でお話しする内容です。

理想に向けて前進するための本

　本書は「前進する」ための本でもあります。読者によっては、置かれた環境が記載している内容とかけ離れているために大きな失望を抱えてしまうことがあるかもしれません。
　目の前の膨大なタスクや置かれた立場からくるプレッシャーに圧倒されて、環境面やキャリア設計について考える余裕がないこともあるでしょう。
　本書は、そうした状況でも少しずつ前進して理想に近づくための指針を提示することを目的としています。

　私自身、100％理想的な環境でプロジェクトを実施したことはほとんどありません。あるプロジェクトでは環境面の条件が充実していてもプロジェクトの意思決定が曖昧で迷走してしまったり、また別のプロジェク

トでは逆に意思決定には問題はないが環境面の条件が劣悪だったりする
といったことは日常茶飯事です。

　しかし、プロジェクトにかかわる人が適切なメタ認知をもつことがで
きれば、現状が50点だとすると、どこかで20点分の改善を行って及第
点の70点の環境を整えることは現実的な選択肢となるでしょう。
　プロジェクトが失敗して投資や利益が失われたり、トラブルに奔走し
て組織が疲弊したり、貴重な人材がメンタルを病んで求職や離職をした
りする可能性を考えれば、20点分の改善を行うことは合理的な判断とな
るからです。

ゼロから物事を生み出すプロジェクトの可能性

　ゼロから物事を生み出すことができるプロジェクトは、その成功によ
るメリットは計り知れません。新規事業では多くの利益を上げたり、
DX（業務改革・組織改革）で業務のあり方を抜本的に見直して誰もが働きや
すく効率的な環境をつくり出すこともできます。
　また、よいプロジェクトを経験した人材は成長してその後の社会や組
織をさらに繁栄させることができるでしょう。プロジェクトは多くの試
行錯誤と努力を必要とする取り組みですが、成功した際のメリットは広
く組織や社会にも広がる可能性をもっているのです。

　本書を読む方が、プロジェクトを成功させる際のスキルとともに適切
なメタ認知をもつことで、プロジェクトマネジメントの「本物の実力」
を身につけて多くの実りを手にできることを願っています。

パラダイスウェア株式会社　代表取締役

橋本 将功

目次

はじめに ……………………………………………………………………… 002

| 序　章 | 本物の実力をつけるための基礎知識 | 021 |

- ■ 本章のテーマ ……………………………………………………… 022
- ■ なぜ日本は行き詰まっているのか ……………………………… 023
- ■ 「失われた30年」と IT革命 ……………………………………… 025
- ■ 人材・ITへの投資が行われなかった …………………………… 027
- ■ なぜ日本は労働生産性が低いのか ……………………………… 029
- ■ ルーチンワーク型の考え方が企業・教育に浸透している ……… 031
- ■ IT人材がIT産業に偏っている …………………………………… 033
- ■ 経験の浅いクライアントが決定権をもちがちな業界構造 ……… 035
- ■ プロジェクト的な働き方がこれからの社会の生命線 …………… 037
- ■ メタ認知は個人だけではなく組織にも欠かせない ……………… 039
- ■ プロジェクトに必要な5つのメタ認知 …………………………… 041

Q&A 若い世代と働き方の感覚が違い、
どのように育成すればよいかわかりません …………………… 043

第1章　不安を乗り越える　047

- 本章のテーマ ………………………………………………………… 048
- プロジェクトマネージャーが抱える不安 ……………………………… 049
- 不安なのはプロジェクトマネージャーだけではない …………………… 050
- 不安を誰かに押しつけると失敗する ………………………………… 052
- 不安を無視すると失敗する …………………………………………… 054
- どうやって不安と闘うのか …………………………………………… 056
- 集団思考のリスクを回避する ………………………………………… 058
- プロジェクトマネージャーと
  まわりの関係者との認識のギャップ ………………………………… 061
- 認識のギャップへの対策 ……………………………………………… 063
- 燃え尽きないための時代のとらえ方 ………………………………… 065
- 自らの羅針盤をもつ …………………………………………………… 067
- プロジェクトにおける功利主義 ……………………………………… 070

Q&A 初めてプロジェクトを一人で任されて不安でたまりません …… 073

■ 本章のテーマ ……………………………………………………………… 078

■ シリコンバレー企業のまねには無理がある …………………… 079

■ トレンドに翻弄されない ……………………………………………… 081

■ 強引な組織改革がもたらす弊害 …………………………………… 083

■ プロジェクトが得意な組織の3つの考え方 …………………… 085

■ ルーチンワークとプロジェクトの違い ………………………… 087

■ ルーチンワークとプロジェクトの違いによる組織内対立 ……… 089

■ 組織改革成功のヒント1
　組織とプロジェクトのマネジメントを切り分ける
　──業務量の観点 …………………………………………………… 091

■ 組織改革成功のヒント1
　組織とプロジェクトのマネジメントを切り分ける
　──人材適性の観点 ………………………………………………… 093

■ 組織とプロジェクトのマネジメントの理想的な関係 ………… 095

■ 組織とプロジェクトのマネジメントの相補的な関係 ………… 097

■ 組織とプロジェクトのマネジメントバランスのとり方 ……… 099

■ ルーチンワーク型企業にプロジェクトを
　取り入れるパターン ………………………………………………… 100

■ プロジェクト型企業に組織マネジメントを
　拡大するパターン …………………………………………………… 105

■ 組織改革成功のヒント2　人材評価の考え方を変える ……… 107

■ 評価軸を設定する ··· 109

■ 受託開発のプロジェクトの評価軸 ······················· 110

■ 新規事業・サービス開発のプロジェクトの評価軸 ·········· 111

■ DX（業務改革・組織改革）のプロジェクトの評価軸 ········· 113

■ 組織改革成功のヒント3
　適切な教育とモニタリングの環境を整える ··············· 114

■ 人材の育成環境を整備する際の注意点 ················· 115

■ 体系的な知識と現場での習得をセットにする ············· 116

■ ドキュメントのテンプレート化を促進する ················· 118

■ メンタリングの仕組みを整備する ······················· 120

■ モニタリングを整備する際のポイント ··················· 123

■ 適性と経験を見極める ································· 125

■ 適性の見極め方 ·· 126

■ 行動特性の4つの評価軸 ······························· 129

■ 経験の見極め方 ·· 134

Q&A プロジェクトを任せている有望な若手から
転職したいと申し出されて困っています ················· 138

■ 本章のテーマ ……………………………………………………………………… 142

■ なぜ正しいコミュニケーションがとれないのか ……………………… 143

■ ブリリアント・ジャークにならない ………………………………… 145

■ コミュニケーションには機能と目的がある …………………………… 149

■ コミュニケーションの機能と目的1
目的・目標・計画の明確化と共有 …………………………………… 151

■ コミュニケーションの機能と目的2
進捗確認と共有 ……………………………………………………… 153

■ コミュニケーションの機能と目的3
発生した課題やトラブルの解決 …………………………………… 155

■ コミュニケーションの機能と目的4
情報の共有 …………………………………………………………… 156

■ コミュニケーションの機能と目的5
チームの雰囲気の向上と維持 ……………………………………… 157

■「強い言葉」が物事をよくすることはない …………………………… 160

■ エビデンスとファクトで冷静かつ論理的に話す …………………… 164

■「信用ポイント」を貯める …………………………………………… 166

■「信用ポイント」が貯まる4つの観点 ……………………………… 168

Q&A 新しい会社にプロジェクトマネージャーとして入社しましたが、
コミュニケーションスタイルの違いに困惑しています …………… 173

- ■ 本章のテーマ ……………………………………………… 178
- ■ プロジェクトにおけるリーダーシップとは ……………………… 179
- ■ リーダーが果たすべき役割 …………………………………… 181
- ■ 適切なリーダー像をもつ ……………………………………… 185
- ■ 「リーダーの孤独」に対処する ………………………………… 188
- ■ 孤独感への対策1 孤独感に対する覚悟を決める ………… 191
- ■ 孤独感への対策2 「横のつながり」をつくる ……………… 193
- ■ 孤独感への対策3 メンターを探す …………………………… 195
- ■ 防衛戦や撤退戦への4つの取り組み方 …………………… 197
- ■ 防衛戦・撤退戦への取り組み方1
  防衛戦・撤退戦であることを周囲と共有する …………… 199
- ■ 防衛戦・撤退戦への取り組み方2
  勝利条件と防衛ラインを決める ………………………… 201
- ■ 防衛戦・撤退戦への取り組み方3
  計画を立てて粛々と実行する …………………………… 203
- ■ 防衛戦・撤退戦への取り組み方4
  振り返りを組織にフィードバックする…………………… 205
- ■ リーダーのストレスマネジメント …………………………… 208
- ■ ストレスマネジメントのコツ1 ストレスの性質を知る ………… 209

■ ストレスマネジメントのコツ2　手の抜き方を覚える ⋯⋯⋯⋯⋯ 211

■ ストレスマネジメントのコツ3　ONとOFFを切り替える ⋯⋯⋯ 213

■ ストレスマネジメントのコツ4　働く環境を変える ⋯⋯⋯⋯⋯⋯ 214

Q&A プロジェクトマネジメント業務でたまったストレスをうまく
発散できておらず、健康面での不安がつのっています ⋯⋯⋯⋯ 216

第**5**章	キャリア構築力を鍛える プロジェクトの点と線をつないで仕事を 社会に広げていく考え方
	219

- ■ 本章のテーマ ………………………………………………………… 220
- ■ ハイリスク・ハイリターンな仕事であることを知っておく………… 221
- ■ キャリアは環境選びが大切 …………………………………………… 224
- ■ プロジェクトを軸としたキャリア設計の歴史は浅い………………… 226
- ■ キャリアを考える際の3つの観点 …………………………………… 229
- ■ キャリアを考える観点1　安定性と柔軟性 ………………………… 231
- ■ キャリアを考える観点2　カルチャーとモラル …………………… 233
- ■ キャリアを考える観点3　報酬と利益の分配……………………… 237
- ■ プロジェクトを軸に据えたキャリア形成のための考え方 ……… 242
- ■ プロジェクトマネジメントの習熟レベル…………………………… 243
- ■ 4タイプのプロジェクト環境 ………………………………………… 247

Q&A いずれはプロジェクトマネージャーや
プロダクトマネージャーになりたいと思っています ……………… 252

おわりに ………………………………………………………………… 257

本書に関するお問い合わせ ……………………………………………… 262

著者略歴 …………………………………………………………………… 263

序章

本物の実力を
つけるための
基礎知識

　日々の仕事に取り組む中で、「なぜこんなにプロジェクトは難しいの
だろう」と考えたことはないでしょうか。

　実は、プロジェクトの難しさには「プロジェクトが本質的にもつ困難
さ」以外に、日本の社会的な背景もかかわっています。いま私たちがあ
たり前のように取り組んでいる「プロジェクト」は、いまから30年ほ
ど前から急速に広まった新しい働き方です。

　本章ではこの30年の間に何が起こったのか、そして現代日本はなぜ
行き詰まっているのかをプロジェクトの視点から眺望し、プロジェクト
の本物の実力をつける際に前提となる認識についてお話しします。

なぜ日本は行き詰まっているのか

｜ プロジェクトには前提条件がある

ほとんどのプロジェクトはビジネスとして行われます。その際、どのような考え方でプロジェクトを始めていくか、どのようにあつかっていくかは多くの前提条件に左右されます。

それらの前提条件は「自分が所属する組織がこれまでそうしてきたから」「上司や先輩がそうするように教えてくれたから」「読んだ本やネットの記事に書いてあったから」など、自分たちで多くの選択肢の中から吟味して選んだというよりは、「与えられるもの」を無意識に受け取っていることがほとんどでしょう。

こうした前提条件や、そこから得られるメタ認知（物事のとらえ方）がプロジェクトに対して不適切だった場合、プロジェクト遂行の大きな阻害要因になります。

｜ プロジェクトに対する基本的な認識のずれがある

たとえば、多くの不確実性をコントロールしなければならないシステム開発のプロジェクトで、発注者が既製品を購入するのと同じようにプロジェクト開始当初の計画に「必ず達成されるべきもの」として固執してしまうと、要件変更やトラブルが発生した際に適切な対処ができず、計画との乖離をマネジメントできなくなります。

すると、プロジェクト目標の達成が困難になるだけでなく、案件の炎上によってかかわる人や組織が疲弊したり離脱したりして、多額の投資が無駄になり、マイナスの結果しか生まないことがあります。

　これは「プロジェクトが不確実性をあつかうものである」という基本的な認識が関係者に共有されておらず、「一度いったことは必ずやれ」という日本で一般的な倫理観が支配的な認識となってプロジェクトが実行されているために起こります。仕事でプロジェクトにかかわったことがある人なら、こうした事例は日常的に経験したり見聞きしたりするでしょう。

｜　プロジェクトのメタ認知の欠如

　インターネットが多くの家庭や組織に利用されるきっかけとなったWindows 95 の発売から約30年がたち、いまやスマートフォンやパソコン、ウェアラブルデバイスなどを通じてIT は私たちの日常に浸透しています。それにもかかわらず、日本の企業や公共団体などではプロジェクトの失敗が常態化し続けています。

　また、かつての1980年代の電化製品のように日本から世界を席巻するようなプロダクトやサービスが出てこないのは、多くの組織で適切なスキルをもつ人材が不足しているだけでなく、プロジェクトを実施する際の適切なメタ認知が社会に浸透していないからです。

　では、なぜ日本では現代の社会環境に合わせたプロジェクトのメタ認知が普及していないのか。それは、歴史的な背景として、「失われた30年」という長い経済の停滞期があるからです。

「失われた30年」とIT革命

「失われた30年」とは何か

1990年から始まった日本経済の長い停滞期を示す表現として、「失われた30年」という言葉があります。元々は「失われた10年」という表現でしたが、それが「失われた20年」になり、やがていまは「失われた30年」になっています。

政財界やアカデミズム、メディア、インターネットでは、この停滞期の原因についてさまざまな観点で議論や対策が行われていますが、経済活動の復調の兆しはいまだ見られず、現在では「失われた40年」になるのではないかと危惧されています。

日経平均株価とダウ平均株価

経済の停滞を象徴的に表しているのが、日本の株式市場の代表的な企業の株価指数である日経平均株価の推移です。日経平均株価は1989年12月29日の「大納会」では史上最高値の3万8957円44銭をつけましたが、1990年1月4日の年始の「大発会」では200円を超える下げを記録し、その後30年たっても株価は1989年大納会の数字を下回ったままとなっています（図序-1）。

一方で、米国の株式市場の全体的な値動きを示す代表的な株価指数であるダウ平均株価は同じ期間で約13倍の成長を見せており、こうして

比較すると日本企業の停滞は顕著であることがわかります。

　景気に陰りが見えると、銀行は貸し倒れを防ぐために貸し渋り（過度な融資の絞り込み）や貸し剥がし（強引な資金回収）をするようになった結果、日本中の企業では新しい事業投資が行われなくなり、経済が停滞しました。経済の停滞はデフレ（物価水準の下落）をもたらし、さらなる投資控えにつながりました。

図序-1　日経平均株価とダウ平均株価の推移
（出典：https://www.am.mufg.jp/report/senryaku/__icsFiles/
afieldfile/2023/06/13/senryaku_220822.pdfより作図）

人材・ITへの投資が行われなかった

❙ コストカットに注力する企業

　日本は30年にわたる長期の景気停滞によって、企業は事業や人材への投資よりもコストカット（節約）を重視するようになりました。すると、労働者は賃金の上昇につながらないことから自らの能力やスキルを高めるための自己への教育投資を行わないという状況が続いてきたのです。

　企業でも個人でも、「いかに稼ぐか」よりも「いかにコストカットするか」に多くの時間や労力が割かれている光景がいまの日本のビジネス現場における日常となっているのです。

❙ 先進国の中ではきわめて低い人材投資

　統計的なデータでも、日本企業の人材投資は他の先進国である米国、フランス、ドイツ、イタリア、英国と比べてきわめて低い水準にあり、さらに年々投資が行われなくなっていることが示されています（図序-2）。これはつまり、企業が新しい取り組みを進めるために人材に対して新しい知識やスキルを学ぶ機会を提供していないということです。

　一定規模の企業では入社時や管理職への昇進時に研修が行われていますが、日進月歩の現代ではそれだけで何十年もビジネスで付加価値を出していくのは難しいでしょう。前述の通り、プロジェクトは近年広まってきた新しい取り組みであるため、企業が必要性を認識して教育の機会

27

を用意しなければ、労働者個人の努力に依存することになります。

I ITにも投資が遅れた

　この「失われた30年」の間に、世界ではIT革命が起こりました。IT
をうまく利用することができれば、コミュニケーションや業務効率の飛
躍的な向上をもたらし、収益性の向上や新しい価値、新しいビジネスモ
デルを生み出すことができます。

　ITへの投資は大きな費用対効果をもたらしますが、組織や個人への
投資が行われてこなかった日本では、こうした変化の大波に乗り遅れて
しまい、ITのメリットを十分に発揮できていない状態が続いているので
す。そして、そのことを端的に表しているのが「労働生産性」という経
済的な指標です。

図序-2　企業の人材投資（OJT以外）の国際比較（対GDP比）
　　　　（出典：https://www.mhlw.go.jp/content/11601000/000988613.pdf
　　　　より作図）

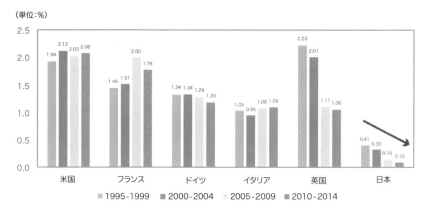

なぜ日本は労働生産性が低いのか

Ｉ　OECDの中でも低水準の日本

　企業活動は労働者が支えています。労働者が生み出す付加価値を示す指標として労働生産性があります。日本の労働生産性は1990年代から下降の一途をたどり、OECD加盟38か国中29位（2021年）と非常に低い水準にあります（図序-3）。

　日本の労働生産性の低さについては、女性や高齢者の非正規雇用の多さによる一人あたりの労働時間の短さも原因として挙げられていますが（出典：https://www.kyotobank.co.jp/houjin/report/pdf/202111_02.pdf）、諸外国との

図序-3　主要先進7か国の就業者1人あたり労働生産性の順位の変遷
（出典：https://www.jpc-net.jp/research/assets/pdf/press_2022.pdfより作図）

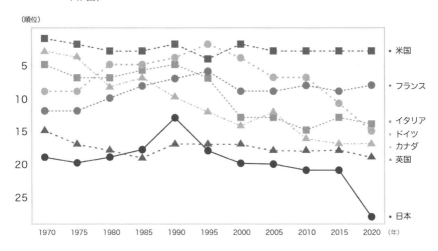

比較では、総務省「令和3年版情報通信白書」によるとIT投資とそれに関連した「組織資本」（人材教育や意思決定システムの変革など）への投資が不足していることが大きな要因として挙げられています（出典：https://www.soumu.go.jp/johotsusintokei/whitepaper/ja/r03/pdf/n0000000.pdf）。

▎ 新規事業やDXへの投資も後手にまわった

　日々の業務努力の中で労働生産性を高める、つまり売上を数倍にしたり業務効率を上げてコストを数分の一にしたりすることはきわめて大変なことですが、プロジェクトを立ち上げて、IT を組み込んだ新規事業やDX（業務改革・組織改革）を行えば、それらの目的を達成することは可能です。

　「失われた30年」の間に企業や個人の教育への投資が控えられた結果、こうした取り組みが他の国よりも少なくなっていることが日本の労働生産性の低さ、さらに企業活動の停滞につながっているのです。

ルーチンワーク型の考え方が
企業・教育に浸透している

▌プロジェクトと相性が悪いルーチンワーク

　プロジェクトを実施する際はヒト・モノ・カネに関する不確実性をコントロールすることが不可欠です。これは1980年代までの日本の経済活動を支えてきた「物事を正確に繰り返すこと」が重視されるルーチンワーク型の考え方とは大きく異なります。

　ビジネスにおいてルーチンワークによる品質の維持や向上は重要な取り組みですが、それだけでは市場や消費者、競争相手の変化に対応して付加価値を生んだり、効率化を達成するためのプロジェクトを実施したりすることは困難です。物事を正確に繰り返すには、不確実性はコントロールの対象というよりは排除する対象になるからです。

▌ルーチンワーク型の考え方につかっている企業

　普段の仕事の現場でも、「プロジェクトを始めたのに意思決定者やメンバーがリスクをとろうとせず消極的にしかかかわらない」あるいは「プロジェクト開始後に要件が増大しているにもかかわらず、事前に精度の低い情報で作成した事業計画との整合性のために予算やスケジュールが変更できない」といった経験をすることは頻繁にあるでしょう。

　このような状況ではプロジェクトへの投資の効果を十分に発揮することはできません。つまり、日本ではルーチンワーク型の働き方や組織の

ままでプロジェクトを実施してしまい、その結果、失敗することが非常に多いのです。

┃　ルーチンワーク人材を輩出する教育現場

これまで日本では学校教育においても、ルーチンワーク型の働き方や組織に適した人材を増やすために、高度経済成長期では「詰め込み教育」とよばれる、より正確に物事をこなすことを目的としたカリキュラムが実施されてきました。

受験戦争など過当競争への反省から2000年代には「ゆとり教育」が実施されましたが、その後は学力低下の懸念から批判が起こり、揺り戻しが起こっています。

また高等教育でも、適切な教育が行われているとはいえません。たとえば、米国でプロジェクトマネジメントのカリキュラムを用意している大学をインターネットで探すと200校以上見つけることができますが、日本ではわずか数校しかありません。

プロジェクトはいまや日本でもビジネスにおいて重要な取り組みになっていますが、「学校でプロジェクトやチームワークについて教育を受けてきた」と明確にいえる人はほとんどいないのが現状でしょう。

つまり、いまの日本の組織の多くはルーチンワークを正確に行うことを教えられてきた人々が形づくっており、さらに新しい物事に取り組むための教育が十分に行われてこなかった結果、組織の生産性を高めたり新しい価値を生み出したりするためのメタ認知が普及してこなかったのです。

IT人材がIT産業に偏っている

Ｉ　世界的に見れば異例の人材偏向

　日本社会はプロジェクトの力を十分に発揮できていませんが、それは
IT人材がIT業界に偏っているといういびつな業界構造によることも大
きな理由の一つです。日本で仕事をしていると、IT人材がIT業界に偏っ
ていることは不自然に思わないかもしれません。しかし、世界的に見れ
ば異例であり、IT業界以外にIT人材が不足していることが大きな問題な
のです。その背景から順にお話ししていきます。

Ｉ　就職氷河期に人材を確保したIT業界

「失われた30年」の初期、すなわち1993年から2005年の間に新卒就職
の時期を迎えた世代は「就職氷河期世代」とよばれますが、この時期は
有効求人倍率が1を下回り、大企業をはじめ中小企業でも大幅に新卒採
用を制限していました。

　私は2000年に大学を卒業し、まさに就職氷河期のもっとも過酷な時
期を経験しました。大学の同期たちは100社に就活をしても１社も受か
らないような状況でした。

　人手不足の現在では考えられないことですが、数百社受けてようやく
歩合制の飛び込み営業の仕事が見つかるかどうかという状況です。こう
した中、唯一といえるほど成長し、採用を行っていたのがIT業界です。

当時多くの若者が職を求めてIT業界に飛び込み、事業会社がベンダーに発注するシステム開発のプロジェクトを実施するようになりました。その後も経済成長が見られなかった「失われた30年」の間、多くの事業会社ではIT投資は中長期的な戦略的投資としては事業計画や採用計画に組み込まれず、年度ごとの設備投資として変動費の枠でベンダーにプロジェクトとして発注されるという構造が形づくられました。

IT人材の約7割がIT産業に集中

この構造は統計的な調査にも表れており、内閣府が発表した『令和4年度 年次経済財政報告』ではIT人材の72%がIT産業に集中していると報告されています（図序-4）。

この人材分布は他の先進国と比べても大きく偏っており、これがIT業界の構造をゆがませている大きな一因となっています。この構造のもっとも大きな問題点は、プロジェクトがリテラシーや経験値の低い事業会社から高い専門性をもつベンダーへと発注されることです。

図序-4 IT人材の偏在と雇用慣行の国際比較
（出典：https://www5.cao.go.jp/j-j/wp/wp-je22/pdf/p030003.pdfより作図）

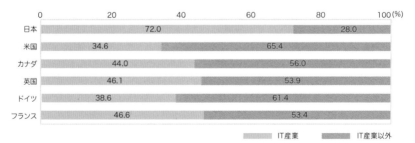

経験の浅いクライアントが 決定権をもちがちな業界構造

ベンダーとクライアントの間のギャップ

　プロジェクトがリテラシーや経験値の低い事業会社から高い専門性をもつベンダーへと発注される構造では、しばしば「発注企業の担当者や経営層にとっては初めての新規事業だが、ベンダー側のプロジェクトマネージャーは過去に何件もの実績がある」といった不均衡な状態が発生します。

　すると、プロジェクトの遂行に関する知見はベンダーに頼ることになり、プロジェクトの重要な意思決定は経験の未熟な発注者側で行われることになります。この構造では、プロジェクトの成否にかかわる重要な検討事項、つまり体制構築や契約上の制約といったプロジェクト内でコントロールできない外部条件や、さらに予算承認や重要な要件に関する判断が適切に行われない可能性があるのです。

　また、プロジェクトで起こりうるリスクや発生したトラブルに対しても、説明や判断に時間がかかることから先手を打って適切な対処をすることが難しいという課題をつねに抱えることになります。

ベンダーロックイン

　さらに、ベンダーが発注者の無知につけ込んで、売上のためにクライアントにとって価値をもたらさない提案を盛り込んだり、継続的に自社

に発注が来るようにするために他ベンダーが知見をもっていないマイナーな技術を利用したり、業務知識をドキュメント化せずにブラックボックス化して「ベンダーロックイン」（競合他社の関与ができないように顧客を囲い込むこと）を画策することもあります（図序-5）。

　場合によっては、人脈や接待に頼った受発注の関係が形づくられることもあるでしょう。人間関係がもたらす受発注関係は必ずしも悪いものとはいえませんが、プロジェクトは高度な専門性や知見を必要とするため、成功率を上げることにはつながらないことが多いのが現実です。「社長や執行役員が連れてきたベンダーだから」と通常の検討プロセスを経ずに実施されるプロジェクトが目的を達成できずに大きな投資や機会の損失につながっている事例は多くの企業で見ることができます。

　経験や知識の非対称性がもたらすこれらの問題は、プロジェクトが本来生み出す価値を大きく毀損します。日本の IT やプロジェクトが十分に成果を発揮できていないのは、こうした業界構造も背景にあるのです。

図序-5　ベンダーロックインの罠

プロジェクト的な働き方が
これからの社会の生命線

Ｉ　超少子高齢化時代の人材不足

　日本は名目GDPでは世界第3位であり、諸外国と比べると経済的に豊かな国です。まだ日々の暮らしで経済の衰退や崩壊を感じることは多くはないでしょう。

　しかし、1980年代までの高度経済成長期のように同じ仕事を繰り返しているだけで給料が増えていく状況はもはや夢物語となっており、いまではむしろ同じことをやっているだけでは企業は競争力を失い、それに伴って社会保険料や税金の負担増によって労働者の手取り額が実質的に減っていく時代が続いています。

　また、帝国データバンクによると、超少子高齢化による労働力の減少は今後も社会に大きな影響を与える見通しで、2022年の時点ですでに49.3%の企業において正社員が不足しているという調査があります（出典：https://www.tdb.co.jp/report/watching/press/pdf/p220908.pdf）。

　さらに今後は毎年50万人の労働力人口が減少し、さらに非正規雇用の増加や働き方改革の影響で一人あたりの労働時間も減少していくと考えられています（出典：https://www.murc.jp/library/economyresearch/analysis/research/report_230508/）。

AIやロボットを活用するための人材が不足

　日常生活で「人手が足りないため一時閉店します」という紙が貼ってある飲食店などをご覧になったことがある方も多いかと思いますが、「需要はあるのに労働力が足りずに利益を生み出せない」という状況がこれからさらに拡大していく可能性が高いのです。

　こうした状況を改善するには、AIやロボットなどを活用して労働の生産性や効率性を向上させていく取り組みが不可欠となりますが、その際に必要なIT人材も今後、大幅な人手不足が予測されています。

　経済産業省が2019年に発表した「IT人材需給に関する調査」（出典：https://www.meti.go.jp/policy/it_policy/jinzai/houkokusyo.pdf）では、2030年には最大で約79万人が不足すると試算されています。

日本の生命線を握るプロジェクト的な働き方

　従来の非効率的な働き方をしていれば、将来的に社会や経済活動が大幅に停滞していく可能性が高いでしょう。それを回避するには、どんな組織でも業務やビジネスをプロジェクトによってつくりかえていかなければなりません。

　人手不足がこのまま進んでいくと、社会的な機能不全となる可能性もあります。いまや日本においてプロジェクト的な働き方を普及させていくことは社会全体の喫緊の課題であり、個人や企業においても、いかにプロジェクトを適切に実行できるかは競争力の確保の点で決定的な要因となります。

メタ認知は個人だけではなく 組織にも欠かせない

スキルがあってもメタ認知が欠如していると 失敗する

日本の「失われた30年」を「失われた40年」にしないために、そして個人や社会が豊かになるためには何が必要なのか。

もちろん、個人でプロジェクトを実行する際に必要なスキルを備えることも不可欠ですが、さらにプロジェクトを取り巻く環境の整備や支援にかかわる人々のメタ認知も欠かせません。

プロジェクトは、適切なスキルをもつ人々による実行チームと、適切な環境整備がそろって初めて成功への見通しが立つからです。

ビジネスの現場では、「会社のミッションを背負ってプロジェクトを実施しているにもかかわらず、プロジェクト実行チームが孤立してしまう」「プロジェクトそのものはうまくいっているのに、組織内での承認や支援体制が欠如しているために頓挫してしまう」といった状況がしばしば発生します。

これらはプロジェクトの実行に関するスキルが欠如しているためではなく、プロジェクトに関する適切なメタ認知を組織や周囲の環境が備えていないために起こるのです。

プロジェクトが失敗するときは組織の要因が大きい

プロジェクトが失敗しているとき、その原因として何があるのか。こ

の問題についてはさまざまな研究がありますが、プロジェクトマネジメントの標準化を行っている団体であるPMI®の調査によると、プロジェクトが失敗する原因として図序-6が挙げられています。

　それぞれの原因をよく見てみると、プロジェクトのみならず、組織にも原因があることが理解できるでしょう。

図序-6 プロジェクトが失敗する原因
（出典：https://www.pmi.org/-/media/pmi/documents/public/pdf/learning/thought-leadership/pulse/pulse-of-the-profession-2017.pdfより作図。和訳は筆者）

Q: 過去12ヶ月間にあなたの組織で開始されたプロジェクトのうち、失敗と判断されたものの主な原因は何でしたか？（3つまでを選択）

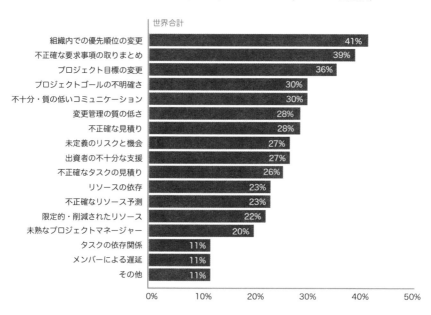

プロジェクトに必要な5つのメタ認知

｜　失敗する組織と成功する組織の違い

　プロジェクトは本質的に難しい取り組みであるため、日本だけでなく諸外国でも同様の問題が見られます。しかし、前述したIT投資の費用対効果や労働生産性の観点で明らかなように、とりわけ日本の組織はプロジェクトが不得意であると見ることができるでしょう。

　日本社会がプロジェクトを不得意とするのは、「失われた30年」とその間に世界で起こったIT革命のメリットを十分に発揮できていないことが理由だとお話ししましたが、当然ながらすべての組織や個人がプロジェクトを成功できていないわけではありません。

　実際に私自身がかかわった多くの組織では、プロジェクトが得意な個人や組織は継続的に高い品質と成功率でプロジェクトを達成できるのに対し、そうでない個人や組織は同じような失敗を何度も繰り返しているということがわかりました。

｜　メタ認知の5つの観点

　その違いは何なのか。専門的なスキルももちろん必要ですが、それだけでは十分ではありません。プロジェクトを適切にとらえ、必要な判断を行っていくための物事のとらえ方、つまり「メタ認知」が不可欠です。

　本書では、私が50社以上で500件を超えるプロジェクトにかかわっ

てきた中で培った知見から、プロジェクトに必要なメタ認知を図序-7の5つの観点（5つの章）から紹介していきます。

図序-7　本書で解説する5つの観点

各章のタイトル	キーワード	概要
第1章 **不安を乗り越える**	マインドセット、価値観	プロジェクトを継続的に成功させていくために必要な考え方や姿勢、価値観のもち方について
第2章 **組織力を鍛える** 「プロジェクト的な働き方」を実現するための考え方	チーム、組織	従来の組織にプロジェクト的な働き方を導入する際に必要な取り組みや人材の活用法について
第3章 **コミュニケーション能力を鍛える** チーム・組織と信頼関係を構築するための考え方	カルチャー（企業文化）、コミュニケーション	企業やチームのカルチャーを形成するコミュニケーションの考え方やあり方について
第4章 **リーダーシップを鍛える** 長期にわたって自身のメンタルを維持するための考え方	リーダーシップ、メンタルヘルス	ストレスフルなプロジェクトにおけるリーダーとしての振る舞いとメンタルヘルスの維持について
第5章 **キャリア構築力を鍛える** プロジェクトの点と線をつないで自身の仕事を社会につなげていく考え方	キャリア	個人としてプロジェクトを継続的に成功させていくためのキャリアの考え方について

若い世代と働き方の感覚が違い、
どのように育成すればよいかわかりません

Q 私は就職氷河期世代とよばれた世代で、いまはプロジェクトマネージャーをやっています。いまの若い世代のプロジェクトマネージャーを育成していますが、働き方の感覚の違いに慣れません。どのようなことに気をつければよいでしょうか?

A 実は経営者や組織のマネージャー、プロジェクトマネージャーからもっともよく受ける相談の一つがこれです。本章でお話しした通り、日本経済の長期の停滞期と超少子高齢化は産業構造に大きな偏りをもたらしていますが、この歴史的経緯は世代間の労働観の違いの原因にもなっています。

たとえばプロジェクトによっては、「バブル世代」の意思決定者、「就職氷河期世代」のシニアクラスのプロジェクトマネージャー、「ゆとり世代」のプロジェクトメンバー、「Z世代」の見習いプロジェクトマネージャーと、ポジションによって世代が入り乱れる構成になっていることがしばしばあります。こうした世代ごとの価値観の違いは、日々のコミュニケーションや企業文化、人材育成の際に大きな影響をもたらすことがあります。

もちろん、世代はただある一人の個人が生きてきた社会背景を示すものであって、個人を構成する要素の一つにすぎません。あまり世代

のイメージを個人に投影しすぎると、しばしばメディアで見られるような「最近の若いもんは」といった思い込みに基づく愚痴にしかならなくなり、かえってコミュニケーションや人材育成を阻害してしまいます。

　しかし、社会人として仕事を始めたときに「売り手市場だったか買い手市場だったか」は当人の労働観に大きな影響を与えます。たとえば、私の世代である就職氷河期世代は、有効求人倍率が1を切り、しかも求人の条件がきわめて劣悪なものが多くを占めるような超買い手市場でした。

　当時は「ブラック企業」という言葉すらなく、就職氷河期世代は過酷な状況で「仕事があるだけありがたいと思え」といわれたり、「お前の代わりなんていくらでもいる」といわれたりしながら働いている人がたくさんいたのです。こうした環境で日々の生活を維持するために与えられた仕事を必死にこなしてきた人たちは、「叩き上げ」の精神をもっている人がたくさんいます。

　一方、2013年の新卒採用以降の売り手市場では、一人の求職者に対して複数の企業がオファーを出すことが通常となっており、若い世代では「働く側が企業を選ぶ」という感覚が当たり前になっています。

　現在では過労死やパワハラに対する問題意識から世の中の労働観も大きく改善され、過酷な環境も大きく減っています。また、若い世代は報道などを通じて、小さな会社が10年もたたずに大企業に急成長したり、誰でも知っている大企業が倒産したり他社に買収されてしまったりするという栄枯盛衰も感じています。

こうした世代では生涯同じ会社に勤め上げるという意識をもっている人は少なく、いかによい環境を選んでキャリアを形成していくかを重視する考え方のほうが強いのです。

　こうした労働観の違いを踏まえてコミュニケーションを行う際は、相手が若い世代で仕事の経験が未熟な状態であっても、「フェア（公平）」かつ「フラット（対等）」にロジックで説明することです。

　たとえば、なぜやりたくない作業をやらなければならないのか、なぜプロジェクトで残業が発生しているのか、なぜ自分の仕事のことだけでなくチームのことを考える必要があるのか、といったことを論理立てて説明することが求められるでしょう。

　さらに、相手のキャリアにとってそれらがどのようなメリットをもたらすかについても説明できると、モチベーションの向上につながります。

　古い考え方のマネジメントでは、部下やメンバーに対してやるべきことを示す際は「いいから黙ってやれ」というトップダウンのスタンスで達成目標や経営層の意思決定を伝え、それを受けた行動の結果を見て相手の責任を問うたり、反省を促したりするスタイルが主流でしたが、現在はそれが通用しなくなっているのです。

　とくに高い専門性と精神的なモチベーションの向上・維持が必要なプロジェクトではその傾向が強く、私の経験でも経営者やマネージャーが適切な説明を行わない企業文化の組織はプロジェクト人材の空洞化が顕著に見られます。

このように、能力や意識が高い叩き上げのマネージャーにとって、若い世代とのコミュニケーションは大きな課題となることがありますが、気負いすぎない姿勢も大切です。前述の通り、コミュニケーションをフラットなものだと考えると、人間関係は50：50、つまり互いに精一杯努力して50点のコミュニケーションをとることで、初めて100点になります。よいコミュニケーションを行うには、自分だけでなく相手の努力も求められるのです。

　たとえば、こちらが努力して50点のコミュニケーションを行っても、相手が5点や10点の努力しかしなければ、全体として55点ないしは60点となり及第点の結果は得られないでしょう。そして、5点や10点の努力しかしない人は誰がどのような働きかけをしても、またどのような環境にいても成果を出すことは難しいでしょう。

　また、人は自分を変えようとコントロールする相手には心を開かないものです。つねに50点のコミュニケーションをできるよう心がけ、相手の努力を過度に期待しすぎないようにすることで、最終的によい結果となることも多いのです。

　世代の違いは労働観の違いをもたらすことが多いということを理解して、フェアかつフラットなコミュニケーションを心がければ、日々のプロジェクトや人材育成の際によりよい結果をもたらすことができるでしょう。

第 **1** 章

不安を乗り越える

　プロジェクトが得意な個人や組織とそうでない個人や組織の最大にして決定的な違いは、プロジェクトそのもののとらえ方にあります。

　序章でお話しした通り、プロジェクトは過去30年の間に世の中に広まった新しい働き方であり、今後の個人や組織にとって不可欠な取り組みです。

　同じ仕事を繰り返し行うようなルーチンワークの進め方や、モノを購入するような考え方でプロジェクトに取り組んでもうまくいきません。

　本章ではプロジェクトの最大の特徴である不確実性とそれがもたらす不安に対する考え方、さらに不安な状況を切り抜けていくための価値観のもち方についてお話しします。

プロジェクトマネージャーが
抱える不安

I 　重責によるとらえどころのない不安

　プロジェクトを実施する際、誰しもが不安になります。とくにプロジェクトマネージャーの不安は非常に大きいものです。限られた予算と工数、クライアントや上層部から提示される不明確な要求、利用したことのない技術、初めて組むプロジェクトメンバー、刻々と迫りくる納期……。

　プロジェクト初期には、不確かなことが山積みになっている一方で、予算やスケジュールなどの制約だけが確実な状況が発生します。

　しばしば、プロジェクトマネージャーの双肩には、たとえば「まだ何も決まったことはないが、今後の12か月間、30人のプロジェクトチームと2億円の予算執行」といったことに対する責任がのしかかっている状況になるのです。

　基幹システムの刷新などの大規模プロジェクトであれば複数のチームや企業が連携して実施することになるため、予算規模がその数倍や数十倍にもなることがあります。

　新規事業の立ち上げであれば将来の事業の成長性、DX（業務改革・組織改革）であれば組織の効率性や生産性の向上について何十億円もの責任がのしかかることもあります。

　プロジェクト規模の大小はあれど、こうした責任から来るとらえどころのない茫漠とした不安はプロジェクトマネージャーなら誰しも経験したことがあるでしょう。

不安なのはプロジェクト
マネージャーだけではない

▌ シニアプロジェクトマネージャーでも不安がある

　プロジェクトマネージャーは不確実な状況において大きな責任を背負いながら、少しずつタスクを進め、チームでアウトプットを出していく中で実際のプロダクトや業務フローなどの成果物を形づくっていきます。

　プロジェクトを実施する中で抱える不安を表に出すことは「弱みを見せる」ことになるため、あまり多くは語られません。しかし、プライベートなつながりのあるシニアプロジェクトマネージャー同士で食事をしていると、「明日隕石でも落ちてこないかなと思いながら深夜に資料をつくっているときがあるよ」と半ば冗談交じりに笑いながら話すことがあります。

　私も、新規事業の要件定義フェーズや追加要件のハンドリングなどに携わっている際は突然不安に襲われて目が覚め、夜中の3時にパソコンに向かって仕事をすることがあります。

▌ プロジェクトの不安はかかわる人すべての問題

　プロジェクトマネージャーはプロジェクト全体の進行を司るため、遂行に関する責任が集中します。しかし、プロジェクトがもたらす不安はプロジェクトにかかわるすべての人の問題でもあります（図1-1）。たとえば、プロジェクトへの投資を行う意思決定者なら、自分の投資判断が

間違っていないか、プロジェクトが適切に実行されて期待するものができあがるか、プロジェクトで大きなトラブルが起こらないかといった不安を覚えるものです。

　またプロジェクトメンバーなら、自分に与えられたポジションの役割を適切に果たせるか、プロジェクトチームで適切な信頼関係を構築できるか、プロジェクトが炎上しないかについて不安を覚えるでしょう。

　このように不確実性をコントロールして現実の形に落としていくプロジェクトは、プロジェクトマネージャーだけの仕事ではなく、組織やチームが一丸となって不安に対処していく営みであるといえます。

図1-1　プロジェクトメンバーはみな何かしらの不安を抱えている

不安を誰かに押しつけると失敗する

プロジェクトの不安はどこから生じるか

プロジェクトで抱える不安は「未知の可能性」、つまり「何が起こるかわからないこと」に対して生じます。

何が起こるかわからない状況は日々の議論や作業によって少しずつドキュメントやソースコードなどの現実に落としていくしかありませんが、抱えている不安に対して目に見える進捗がなく焦りを感じると、それが一層ストレスになります。

プロジェクトが本質的にもたらす不安は焦りによって増殖し、結果として人を精神的に押しつぶしたり、チーム内にパニックを引き起こしてプロジェクトの進行に支障をきたすことがあります。

そして、不安から逃れるために問題を誰かに押しつけたり、無視したりしてしまうと、リスクが顕在化した際にチームや組織での対応が手遅れとなり、最終的にプロジェクトの失敗へとつながります。

経営層の不安でプロジェクトが失敗することもある

たとえば、システム開発のプロジェクトでは予算が大きくなるため、経営層が関与することが一般的です。しかし、その経営層が「ITがわからないから」という理由でプロジェクトの遂行やできあがったシステムの品質について発注担当者やベンダーに丸投げすると、プロジェクト

のリスクに対して先手を打てなくなるため、リスクが顕在化して状況が悪化してから事態が判明することがあります。

　経営層はシステム開発のプロジェクト以外にもたくさんの経営上・組織上の判断を行わなければならないため、プロジェクトを実行チームに任せることは必要ですが、「任せること」と「丸投げすること」はまったく異なります。

　序章で「会社のミッションを背負ってプロジェクトを進めているにもかかわらず、組織から適切なサポートを得られず孤立しているプロジェクト実行チーム」の例をお話ししましたが、こうしたケースは経営層がプロジェクトを丸投げしているために起こるのです。

図1-2　孤立しがちなプロジェクトマネージャーとその実行チーム

不安を無視すると失敗する

報告が遅れてしまう理由

　責任者として報告を受ける側になると忘れてしまいますが、報告する側は適切な形で状況を取りまとめて報告を行うのにも労力がかかります。報告の内容がネガティブなものであれば、適切な関係性が構築されていないとさらに報告が遅れるでしょう。

　「何かあったら報告して」という受け身の姿勢では日々刻々と変化するプロジェクトの状況を把握することはできず、つねに対応が後手に回ってしまうのです。

プロジェクトの不安を無視することで起こる危機

　不安は不確実性が高いことを示すサインです。不安な状態は誰にとっても不快なものですが、サインとしての不安を無視することでプロジェクトが危機に陥ることもあります。たとえば、ベンダーの営業が自身の成績や評価のために大きな仕事をとりたい一心で、不安を無視して自社の能力を超えた仕事を受注してしまうことがあります。

　手に余るプロジェクトは最終的に炎上を起こしたり、それをカバーするために顧客に請求できない人員や工数の追加によって赤字になってしまったり、プロジェクトメンバーの離職や休職の理由となって組織の弱体化や崩壊をもたらしてしまったりすることにつながります。

「とらぬ狸の皮算用」である売上の数字に目がくらんで、プロジェクト
の不確実性がもたらす不安を無視してしまうことで、事業上の大きな損
失を生じさせる可能性をもたらしてしまうのです。

プロジェクトの不安への対処法は
誰も教えてくれない

　このように、プロジェクトでは、不安の対処法を間違えるとそれが大
きな失敗の原因となることがあります。しかし、前述した通り、プロ
ジェクトの不安を表に出すことは弱みを見せることになると思われてい
るため、その対処法を上司や先輩から教えてもらえることは多くはあり
ません。

　不安は生理的な現象であり避けることはできませんが、生じた不安は
適切なメタ認知をもち対処を行うことでコントロールが可能です。以降
では、プロジェクトを進めるうえで必要となる不安への対処法のエッセ
ンスをお伝えしていきます。

どうやって不安と闘うのか

わかっていることとわかっていないことを明確にする

　プロジェクトの不安は不確実性、つまり「何が起こるかわからないこと」に起因します。そこで、不安の対処法としてまず必要なことは、早期に全体の見通しを立てて「今後どうなりそうか」という予測をプロジェクト関係者で共有することです。

　通常、プロジェクトでは開始当初にプロジェクト計画を作成します。その際に「いま何がわかっていて、何がわかっていないのか」を明確にすることが有効な対処となります。

　漠然とした未知の可能性は人に不安をもたらしますが、明示された「わかっていないこと」は今後チームや関係者で協力して解決しなければならない「課題」へと転換することができるのです。

　さらに、「わかっていないこと」について、「いつ何を実施すれば具体的な検討事項になるのか」についても関係者で共有すれば、より未来への不安を解消することができるでしょう。

みんなの不安を落ち着かせる

　不確実性をマネジメントする取り組みであるプロジェクトでは、リスクが存在しないことはまずありません。そうしたプロジェクトの中で、プロジェクトマネージャーにリーダーとして求められる役割は、まず

「みんなの不安を落ち着かせること」なのです。

　しばしば、プロジェクトマネージャーであるにもかかわらず、「わかっていないこと」があること自体を問題視したり、局所的なリスクを針小棒大に取り上げて大騒ぎしたりすることがあります。これは周囲を落ち着かせるどころか、かえって不安を増大させ、チームワークの効率性や生産性を大きく低下させます。

　また逆に、すでに判明しているリスクを無視して対処すべき課題として取り上げず、現実を無視した過度に楽観的な雰囲気を関係者にもたらしてしまうことで、リスクがトラブルとして顕在化した際に対応が手遅れになってしまうケースもあります。たとえば、要件変更によってプロジェクト計画で合意したQCDのスコープが守られないことを認識していながら放置して炎上したり、脆弱性に関するリスクを放置して発注者や所属する組織に大きな損害を与えてしまったりした場合などは、実質的な責任を問われることもあります。

　プロジェクトでは、リスクを放置することによってそれが自然に解消されることはまずありません。プロジェクトの目的と目標を達成させるためには、不安の原因となるリスクを明確に把握し、その対策を計画へと落とし込んでチームや関係者に伝えていくことが必要です。

集団思考のリスクを回避する

▎ 不安になることは普通の生理現象

　不安やその裏返しである過度な楽観主義は、理性的な動きというより
は生物の本能的な心理的機構によるものです。動物園でサルを眺めてい
ると、ときおり一部で発生した争いがパニックとしてサル山全体に伝播
していく様子を見ることができます。

　サルと同じ霊長目の類人猿を祖先にもつ人類も同じです。不安や過度
な楽観的な雰囲気はプロジェクトにかかわるチームや関係者に伝染して
いきます。一度それらが集団に浸透してしまうと、後からロジックで修
正していくのはなかなか難しいことです。

▎ 「集団思考」の傾向

　また、不安はメンバーの心理的なバランスを崩すことで、チームや関
係者を非合理的な判断をしやすい状態に導く原因となることもあります。
この状態を心理学では「集団思考」とよびます。ある集団が集団思考に
陥っているとき、次のような傾向が現れます（出典：原田純治『社会心理学』
ブレーン出版、1999）。

- **勢力・道徳性の過大評価：絶対に失敗しないという過剰な自信、自
  分たちは正しいことをいっている、という思い込みのこと**

- **精神的閉鎖性**：自分たちにとって不利な情報を無視する、自分たちと相対する考え方が「悪」であると決めつけること
- **意見の斉一化への圧力**：異議を唱える集団構成員に圧力を加える、疑問や疑念を口にするのを控えること

　つまり、人間は不安によるパニックを避けるために、根拠の弱い主張にすがったり、自分たちに不都合な事実や意見を排除したり、見て見ぬふりをしたり、あえて「空気」を読んで自分の見解を表明しなかったり、集団の外に「敵」を見出したりすることで、集団の中で「満場一致」の状態をつくってその状況を乗り切ろうとする傾向があるのです。

　誰しもこのような状態に身に覚えがあるのではないでしょうか。とくに、不確実性の高いプロジェクトの取り組みはかかわる人が不安にとらわれやすいため、各自がつねに意識していないと集団思考に陥りやすいのです。

▎集団思考に陥っていないかをチェックする

　プロジェクトを成功させるためには、日々の議論の結論や調査の結果、タスクの進捗などの確固たる事実、さらに潜んでいるリスクやそれが顕在化した際のトラブルなど、プロジェクトの見通しにとって不都合となる可能性があるものを適切にあつかわなければなりません。

　とくにリーダーとしての役割をもつプロジェクトマネージャーは、チームや関係者が不安によって集団思考に陥っていないかをつねにチェックする意識をもち、適切な心理的バランスを保っていくことが求められるのです（図1-3）。

集団思考に陥っている際、人はしばしば高揚感から何もかもがうまくいっているような錯覚にとらわれます。しかし、否定のしようがない現実を突きつけられたとき、大きな落とし穴に落とされたような気分になって他人を責めようとすることがあります。これはチームワークを阻害し、プロジェクトの成功を大きく危ぶませる要因となります。

　シニアクラスのプロジェクトマネージャーは、しばしばチームや関係者が盛り上がっていても「クール」や「ドライ」な印象を与えることがありますが、それはこうした集団思考に対する警戒が一つの理由となっているのです。

図1-3　プロジェクトマネージャーはチームが集団思考に陥っていないかを冷静に見る

プロジェクトマネージャーと まわりの関係者との認識のギャップ

チームの外でも適切な心理状態を保つ

　プロジェクト関係者の心理状態がどの範囲まで適切に保てているかは、プロジェクトの継続において非常に重要です。

　たとえば、プロジェクト実行チームではリスクに関する適切な心理状態が保たれており、モチベーションを高くもって順調に遂行できているにもかかわらず、プロジェクトの計画や予算の承認を行う組織の意思決定者が不安状態に陥っている場合、プロジェクトのリスクが過大に評価されてしまい、適切な判断や対応が行われないことがあります。

　これは意思決定者までプロジェクトのリスクと課題の適切な認識が浸透していないために発生しますが、プロジェクトマネージャーなら誰しも一度はこうしたことを経験したことがあるのではないでしょうか。その背景には、「プロジェクト理解の非対称性」の問題があります。

つねに正確な認識を共有することが大切

　プロジェクト理解の非対称性とは、プロジェクトマネージャー自身がもっている認識と、プロジェクト実行チームのメンバー、プロジェクト外部の意思決定者や協力者・協力企業がもっている情報や認識がそれぞれ大きく異なることを指します。

　たとえば、経験10年以上のシニアクラスの優秀なプロジェクトマネー

ジャーはプロジェクト開始当初のスライド 10 枚程度の企画書や RFP（提案依頼書）を眺めただけで、そのプロジェクトが成功しそうかどうか、どのようなリスクがあり、どのようなトラブルが発生するかをかなりの精度で見極めることができます。

　しかし、同様の見解をプロジェクト関係者全員がもつことは現実的に難しいでしょう。そこで前述した通り、プロジェクトマネージャーは関係者に対して落ち着いてプロジェクトのリスクに対処できるよう認識を共有する必要があります。

　ところが「相手が何をどの程度わかっていて、何をわかっていないのか、何に対して不安を感じているのか」をつねに適切に把握していくのは非常に難しいことなのです。

｜　認識をそろえることは大きな労力が伴う

　プロジェクトに対する理解力はその人がもっているリテラシーや仕事の経験、想像力によって異なりますし、その人が不安になりやすいかどうかも性格的な個性によって異なります。

　実際に目の前にいる人々の経験や特性を踏まえ、説明によって適切に関係者を安心させていくのはかなりの注意力と労力が割かれる取り組みです。

　また、プロジェクト実行体制上、意思疎通が難しい環境であったり、時間や工数の観点で十分な説明ができなかったりすることはよくあることです。序章でお話しした通り、プロジェクト自体はうまくいっているのに、組織からのバックアップがないために失敗してしまうケースは実はかなり多いのです。

認識のギャップへの対策

Ｉ　ギャップを埋める2つのポイント

　プロジェクト理解の非対称性によってプロジェクトが失敗してしまう
ケースに対して、どのように対策を講じればよいのでしょうか。ここで
は次の2点を紹介します。

- **プロジェクト実行チームだけでなく、計画を承認する意思決定者や
  プロジェクトを遂行するうえで必要不可欠となる協力者や協力企業
  に対して、こまめにコミュニケーションをとって不安や過度な楽観
  主義を防ぐこと**
- **組織にプロジェクトのリテラシーを増やしていくこと**

　これらについては「第2章 組織力を鍛える」で詳述しますが、基本的
にはプロジェクトマネージャーと組織の意思決定者の間の報連相に関す
るコミュニケーションラインをつねにもっておくことです（図1-4）。
　さらに組織のミッションを背負っているプロジェクトを実行チームに
丸投げするのではなく、意思決定や支援を行う組織側でプロジェクトと
いう取り組みに対するリテラシーを蓄積できるようにすることが必要で
す。

┃ ドキュメントで理解の橋渡しをする

　プロジェクトの理解に関する非対称性をカバーするためには、こまめな報連相に関するコミュニケーションと組織でのプロジェクトのリテラシーの蓄積が必要です。しかし、これらは労力がかかる取り組みでもあるため、いかに効率化するかが鍵となります。

　その鍵となるのが、プロジェクト計画や要件定義書などのドキュメントです。これらについては前著『プロジェクトマネジメントの基本が全部わかる本』（翔泳社、2022）でも説明しましたが、できるだけ可視化して誰でも理解できるようまとめておくのがポイントです。

　誰でも「プロジェクトがいまどうなっていて、現在どんな課題があって、今後どのように進んでいくのか」がわかる資料があれば、プロジェクト理解の土台となって、毎回説明する手間も省けて効率化をもたらすことができるのです。

図1-4　プロジェクトマネージャーは組織の意思決定者とコミュニケーションラインをつねにもっておく

燃え尽きないための時代のとらえ方

▎ 燃え尽きやすいマネージャー職

本章でお話ししてきた通り、プロジェクトに取り組むということは不確実性がもたらすリスクや膨大なタスク、予想できないトラブルだけでなく、人々が抱える不安や不安がもたらす集団思考と闘うことでもあります。

組織の意思決定者として多くのプロジェクトを抱えたり、個人のキャリアとして継続的に繰り返しプロジェクトをやっていたりすると、トラブルが複数のプロジェクトで重なったり連続して起こったりして、自ら大きな不安の波にのみ込まれて、過度のストレスを抱えて挫折してしまうこともあるでしょう。

マイクロソフトが実施した国際的な調査によると、実に53％ものマネージャーが「燃え尽き症候群」を経験したと回答しています（出典：https://www.microsoft.com/en-us/worklab/work-trend-index/hybrid-work-is-just-work）。

▎ プロジェクトの大航海時代

このようにプロジェクトのマネジメントは心理的な負担の大きい仕事ですが、それを上回るような魅力があります。実際、私が20年以上こうしてプロジェクトのマネジメントに携わってこられたのも、それだけ手応えを感じられる面白い仕事だからです。

プロジェクトとは、たとえるなら未知の海域において未知のトラブルに対処しながら仲間とともに目的地へと進む一つの「航海」です。競争の激しいビジネス環境下で新しい価値や利益のためにプロジェクト推進がつねに求められており、現代はまさに未知の可能性の海へとたくさんのビジネスパーソンが出航する、プロジェクトの大航海時代といえるでしょう。

逆境の時代だからこそのチャンス

　しかし、プロジェクトはそもそも成功率の高い取り組みではなく、必要な技術や認識、環境も整っているとはいいにくいのが現状です。

　正確な海図や高度な航海技術、困難に耐えうる船舶がない状態で航海しているのと同じような状況だといえます。このような状況では、少なくない人々が航海の果てに大海原で遭難してしまうことにもなりかねません。

　とはいえ、プロジェクトの環境が整うのを待っているわけにもいきません。序章でお話しした通り、プロジェクトへの取り組みはとくに日本においては喫緊の課題となっているからです。

　また、多くの企業や個人がプロジェクトをうまく実施できない状況は、裏を返せばそれだけ大きなビジネス上のチャンスがあるといえます。

自らの羅針盤をもつ

Ｉ　プロジェクトの羅針盤とは

　では、プロジェクトの航海に何が必要なのか。私は自分の中に「羅針盤」となる哲学や指針をもつことがとても重要だと考えています（図1-5）。

　自分の中に正確な方向を示す羅針盤さえあれば、あるプロジェクトで大嵐に巻き込まれたり、複雑な海域で目の前の目的を見失ったりしたとしても、冷静になって正確な方角へと向かっていくことができるようになるからです。

図1-5　プロジェクトマネージャーは羅針盤をもっていることが大切

実は、この羅針盤のような話題は、歴戦の猛者であるシニアクラスの
プロジェクトマネージャーや起業家、大企業の役員クラスの人々と食事
をして「深い話」をする際によく出てきます。

　多くの人が若いうちは他人に語れる肩書や実績、高額な報酬を求めて
がむしゃらに働きますが、それらを得てキャリアや生活が充足した後に
いつも考えることが、「何のために仕事をするのか」です。その答えは
個人によって千差万別ですが、共通するのは「利他」の考え方です。

┃　利他が見えにくいプロジェクトの仕事

　利他とは、つまり「他人の利益を図って行動すること」ですが、本来
ビジネスにはこの利他の要素が含まれています。相手にモノやサービス
を提供して喜んでもらい、その対価を得ることがビジネスの本質だから
です。

　しかし、プロジェクトではこの構図が明確ではない場面がよくありま
す。新規事業のプロジェクト遂行中はまだ実際のプロダクトやサービス
が存在しないために想定するビジネスが成立するかどうか、そのビジネ
スによって幸せになる人がどれくらいいるのかが不明であることがしば
しばあるからです。

　同様にDX（業務改革・組織改革）のプロジェクトでは、まだ実際に機能
していない新しい業務フローやシステムが、効率化や生産性の向上をも
たらして、働く人の役に立つのかが明確ではないことがよくあります。

　プロジェクト開始当初に関係者が共有できる目的を定めて、それに向
かって日々のタスクを進めることは必要不可欠なプロセスですが、本当
にその目的が実現できるかはプロジェクトが完了して実際にプロダクト

がリリースされたり、業務プロセスが切り替わったりした後で初めて明確になることが多いのです。

指針があれば迷わない

こうした目指す目的地が不明確な状況の中で、たとえば規模が大きいプロジェクトでは何十人や何百人もの専門家や関係者が何年も働くことになるのです。これまでにお話しした通り、プロジェクトマネージャーはかかわる人々の不安や過度な楽観主義を解消するために多くの労力を払うことになりますが、その際にプロジェクトマネージャーが明確な指針をもっていないと自分自身がさまよってしまうかもしれません。

どのような指針をもつかは人それぞれの価値観があり、思考や経験によって形づくられていくものですが、ここではご参考までに私の指針を紹介します。それは「より多くの人がより幸せになること」です。

プロジェクトにおける功利主義

最大多数の最大幸福

「より多くの人がより幸せになること」というのは功利主義の考え方です。功利主義は、18世紀後半に英国の哲学者であるジェレミ・ベンサムによって始まり、同じく英国の哲学者のジョン・スチュアート・ミルに19世紀後半に確立されたといわれている倫理学の一派によって考え出されました。

功利主義はその後の多くの哲学者や法学者、経済学者に影響を与え、現在の社会のあり方に大きな影響を与えたとされています。

「より多くの人がより幸せになること」を、ジョン・スチュアート・ミルは「最大多数の最大幸福」と表現しました。つまり、社会にとって大事なのは、「より多くの人がより幸せになること」だという考え方です。

誰にとっての幸せか、対象となる人をどうやって数えるのか、そしてそもそも幸せとは何か、幸せは計測できるのか、といったことについてはさまざまな哲学的な議論があり、本書では詳細には検討しません。

しかし、プロジェクトの大海原を航海する際に「最大多数の最大幸福」をつねに考えていくことが、プロジェクトの本質的な意義を見失わないことにつながると私は思っています（図1-6）。

Ⅰ　プロジェクトは社会的に大きな影響をもたらす

　たとえば、あるプロジェクトが実現しようとしている目的は本当に多くの人の役に立つのか、あるいはそれによって犠牲となる人はいないのか、プロジェクトがもたらす利益はごく限られた人のためではないのか、プロジェクトの目的が形骸化して社内政争の具になっていないか……などを考えながらプロジェクトを進めていくと、自分自身の行き先を見失いにくいことが経験的にわかってきたのです。

　プロジェクトは無から有をもたらすことができる取り組みであり、きわめて強力な影響力をもちます。ITは中立な技術であり悪用も可能なため、場合によっては自分自身が苦労してプロジェクトを遂行したことで多くの人が不幸になる可能性すらあります。

　また、米国の人類学者デヴィッド・グレーバーの著書『ブルシット・

図1-6　より多くの人がより幸せになることを願う

ジョブ』（岩波書店、2020）が話題になったように、たいそうな肩書で高額
な報酬を得ながら本質的な価値をもたらさない形だけのプロジェクトに
かかわってしまうこともあります。

　しばしば、就職や転職の基準として企業の大きさや肩書、報酬の高額
さが話題にのぼりますが、そこで実際に行う仕事がごく少数の人のため
であったり、人に害をなすものであったり、あるいは無価値なもので
あったりすれば、せっかくの努力が社会を不幸にすることにつながって
しまいます。そして、そのようなプロジェクトでトラブルに遭遇したり、
失敗したりすれば、自分自身が大きく挫折してキャリアの大海原での難
破へと結びついてしまうかもしれません。

▌　より多くの人がより幸せになること

　ビジネスで行うプロジェクトは当然ながら、利益の獲得や新しい価値
の創出、効率性や生産性の向上が求められます。

　しかし、それが本当に「より多くの人がより幸せになること」に結び
ついているかを問いながら日々努力していくことは、自分自身が行き先
に迷わなくなるだけでなく、チームワークを高め、プロジェクトを成功
させることにもつながります。

　人は誰でも自分自身の幸せを求めて生きていますが、善意ある多くの
人はできれば周囲や社会の幸せにも貢献したいと思っています。プロ
ジェクトを進める中で、プロジェクトマネージャー自身が率先してそう
した考えを行動に反映していれば、きっとそれは周囲にも伝わって、プ
ロジェクトの大きな推進力となるでしょう。

Q&A

初めてプロジェクトを一人で任されて
不安でたまりません

Q これまで見習いの状態だったところから、今度新しいプロジェクトを一人で任されることになりました。しかし、不安でたまりません。こんなに不安になるということはプロジェクトマネージャーに向いていないのでしょうか？

A その不安はとてもよくわかります。実は私はいまでも新しいプロジェクトに取り組む際は、四半世紀の経験があっても不安になります。しかし、不安とはどのような心の動きかを考えてみると、そのこと自体は悪いことではないことがわかるでしょう。

人が不安になるときは、その対象となる物事でわからないことが多い、つまりリスクがあることを適切に認識しているというサインだからです。

重要なのは、その不安をどのようにコントロールできるかです。自分が何に対して不安を感じているのか、なぜそれを不安に感じているのかをよく考えることが最初のステップです。

目の前の課題や多忙な状況にとらわれていると内省が難しいこともあるので、その場合は趣味などで心を無にできる状態にしたり、人に相談してみたり、ノートなどに課題や不安を書き出してみたりすると、自然と自分の不安を客観的にとらえられるようになります。

不安の原因を特定することができれば、次は日々の仕事の中でそれをどうやって解消するかを考えていけばいいのです。

　プロジェクトを行う際の不安との向き合い方の注意点は、それを表に出す場面を適切に見極めることです。本章で述べた通り、プロジェクトでは多くのメンバーや関係者が不安な状況にあるため、リーダーであるプロジェクトマネージャーがそれを表情や言葉などで表に出すことはできるだけ避ける必要があります。

　リーダーが不安にとらわれていると、それについてくるメンバーや関係者も不安になり、パニックや集団思考の原因となるでしょう。もしあなたが集団で登山をするときにリーダーがつねに不安を口にしていたら、ついていきたいと思うでしょうか？

　とくにプロジェクトの初期はわからないことが多いため、メンバーや関係者は期待と不安が入り交じった状況にあります。そうした状況では、プロジェクトマネージャー自身が大きな不安を抱えていても、あえて表情や言葉にはそれを出さず、ある意味で「ハッタリを利かせる」必要があるのです。

　百戦錬磨のプロジェクトマネージャーたちにはある種の「迫力」が備わっていることがよくありますが、それは仕事上の必要性から自然と身についてきたものでしょう。

　もちろん、経験が浅いうちはそうした迫力を無理に出す必要はありません。作為的にそれを演出すると、虚勢を張っていると見られ、かえって弱気であることを見抜かれてしまうからです。

　不安を感じていても、それを表に出さないように努力していること

が伝われば、自然と周囲は不安にとらわれないリーダーであることを
理解してくれるようになるのです。

　プロジェクトにおいて不安は本質的な課題です。プロジェクトの不
安に対処する際は、自分自身の不安が何かを把握し、日々その解消に
向けた取り組みを進めること、そして周囲に対しては不安を見せない
ことが鍵となります。
　不安を抱え込むと大きなストレスになるため、第4章でお話しする
ストレスマネジメントの手法を身につけることも欠かせないでしょう。

第 2 章

組織力を鍛える

「プロジェクト的な働き方」を
実現するための考え方

　プロジェクトが得意な企業と不得意な企業では、組織のあり方に明確な違いがあります。この違いは、企業の大きさや知名度にかかわらず、また同じ業界で同程度の売上規模の企業の間でも、明確に存在しています。

　企業の規模が大きいから、あるいは誰でも知っている企業だからプロジェクトが得意であるとは必ずしもいえないのが現実なのです。

　プロジェクトが不得意な企業はプロジェクトで失敗し続けるため、労働環境が悪化し、新しいビジネスをつくり出すことができません。また、適切な業務改革を行えないために優秀な人材を採用できなかったり、採用できても定着しなかったりで、5〜10年の間に大きく競争力を下げることになります。

　一方で、プロジェクトが得意な企業は、適切な労働環境を維持し、新しいビジネスをつくり出し、環境の変化に適応できる業務改革を実現して、優秀な人材をどんどん取り込んでいきます。ある時期に急激に伸びる企業はプロジェクトに適応した組織形態に変化しているのです。

　現代において、組織がプロジェクトに適しているものになっているかどうかは、競争力の維持や向上においてきわめて重要な位置づけとなっています。

　本章では、プロジェクトを適切に遂行できる組織とそうでない組織は何が違うのか、プロジェクトを組織に取り込んでいくにはどのような取り組みが必要なのかについてお話しします。

シリコンバレー企業のまねには無理がある

日本の企業実態に則していない

　序章でふれた通り、今後プロジェクト的な働き方を推進していくことは組織にとっても、社会にとっても、そしてそれらを構成する個人にとっても欠かせません。プロジェクトにとって組織は、成否を握る前提条件や外部条件となります。

　しかし、とくに日本では「失われた30年」の間に組織が適切な変化を受容できておらず、労働生産性の低さからもわかる通り、プロジェクトを実施するうえで適切な形になっていない組織が非常に多いのです。

　ここで組織を変えるために先進的な方法を学ぼうと、書店に行って米国の最新の組織論や働き方が邦訳されたビジネス書を購入して、そこに書かれているシリコンバレーの企業の組織のあり方や考え方を導入しようとしても、ほとんどの場合うまくいきません。シリコンバレーの企業は資本の規模やビジネスモデル、マネジメントの考え方、人材のスキルレベル、労働観など、組織を形づくるうえで前提となる条件が日本のほとんどの企業とあまりにもかけ離れているからです。

そもそもの想定読者が異なっている

　たとえば、Google（Alphabet社）は世界中で巨大なサービスプラットフォームを展開し、年間で約41兆円（2022年度）を売上げ、コンピュー

タサイエンスや数学、工学などさまざまな分野の修士号や博士号をもつ優秀な人材を年間数千万円以上の報酬で雇用しています（出典：https://abc.xyz/assets/d4/4f/a48b94d548d0b2fdc029a95e8c63/2022-alphabet-annual-report.pdf）。

　こうした組織の考え方が日本の事業会社やシステム開発企業に当てはまるかどうかは、少し考えてみればわかることでしょう。あるいは、シリコンバレーの Apple や Netflix などの本社を訪れて実際に働く人々を直接見て、「よし、これらの企業はわが社の参考になるぞ」と思える人はそう多くはないでしょう。

　しかし、シリコンバレーの企業の考え方を紹介する書籍やインターネットの記事では、こうした明確な前提条件の違いについて詳細に語られることは多くありません。

　なぜなら、それらの書籍や記事の想定読者がすでにシリコンバレーやあるいはそれに似たような環境で働いている人やこれから働こうとする人々（具体的には米国の優秀な大学生や大学院生、転職を意識している専門職の人）だからです。

トレンドに翻弄されない

| もとの情報はつねにアップデートされている

　企業ブランディングの一環として「画期的な働き方や組織のあり方」が書籍や雑誌やインターネットメディアのインタビュー記事として出されることもよくあります。その場合は実態をそのまま発表するのではなく、読んだ人によい印象を与え都合が悪いことは割愛されるのが通常です。

　たとえば、シリコンバレーのある企業が「画期的な働き方や組織のあり方」を書籍で発表したとします。しばらくたって邦訳された書籍が出版され、それを手にとって感銘を受けた経営者が自分の組織に導入しようと改革を始めることにしました（図2-1）。

図2-1　米国のグローバル企業の働き方を日本にそのまま輸入する経営者

ちょうどその頃、原著を発表した企業ではやり方を見直して一般的な組織のあり方に戻してしまっていた、といったようなケースはしばしばあります。これは、書籍には記載されていなかったデメリットが無視できないレベルになったために揺り戻しとして起こることですが、模倣した企業ははしごを外された形になってしまいます。

┃　取り入れる際のメリットとデメリットを勘案する

　普段、慣れ親しんでいる仕事の進め方や組織のあり方には不満を感じやすかったり、飽きてしまったりするため、誰でも知っているキラキラしたイメージの先進的な企業が語るわかりやすい「画期的な方法」には魅力や希望を感じやすいものです。

　しかし、新しい方法は未検証でもあるため、それが本当に自分たちの組織に有効なのかは前提条件やメリットとデメリットを勘案して慎重に判断する必要があります。

　もちろん、日本で働く人でも、一部の優秀な人は前提条件の違いや新しい手法のメリットとデメリットを理解したうえで、シリコンバレーから輸入された考え方を取り入れて働き方をアップデートすることができます。しかし、それを自身が所属する組織へと広げるにはスキルや認識のレベルが違う人にも新しい考え方を浸透させなければならないという高いハードルがあるのです。

強引な組織改革がもたらす弊害

「個」に頼ってしまっている現状

　いまの日本の多くの組織はルーチンワーク型の旧態依然とした仕組みの中で、部分的に思考がアップデートされた人材が点在しているような状況だといえるでしょう。新規事業や DX（業務改革・組織改革）などのプロジェクトを実施していると、プロジェクトの取り組みに適応しようと孤軍奮闘しているキーパーソンを頻繁に見かけます。

　日本のプロジェクトは、成功していても多くの場合は「個」の力に頼っている側面が強く、それを適切にバックアップする組織や環境が用意されていることが少ないのが現状です。

上層部の思いつきで悪影響が及ぶ場合もある

　書籍や経営コンサルタントからもち込まれたシリコンバレーの考え方や組織のあり方を強引に導入しようとすると、現場で大きな悪影響が発生する可能性もあります。

　本書を読んでいる方で、上層部の思いつきで評価制度や仕事の仕組みが変えられ、困ったことがある人もいるのではないでしょうか。もちろん、ビジネスや社会環境が変化し続けている現在、それに適応するために組織を変えていくのは必要なことですが、「何のために変えるのか」や変えることによるメリットやデメリットを正確に把握し、そこで働く

人々に共有されていかなければ有効なものにはなりません。

学習性無力感

　目的や効果が見えない強引な組織改革が頻繁に行われると、そこで働く人々は「学習性無力感」（長期にわたって努力してもストレスを回避できない環境に置かれた人や動物が、次第にその状況から逃れようとする努力すら行わなくなるという現象）へと陥って組織に対する信頼感を失い、成果を出すモチベーションが低下します。

　「どうせプロジェクトで頑張っても仕方がない、プロセスや成果を評価する上長はプロジェクトが終わる頃には別の人に代わっているのだから」とあきらめを抱くようになってしまうのです。「数年で名刺の所属部署名や上長が変わるが業務内容や意思決定フローは何も変わらない」といった実態の伴わない組織改編は、働く人々にとって変革への意欲を減退させる可能性があるため、避ける必要があります。

　組織の変革は、いまの組織のあり方や働く人々などの前提条件を踏まえて悪影響を最小限に抑え、適切な目的と頻度のもとに行われる必要があります。

プロジェクトが得意な組織の 3つの考え方

本当に組織に必要なことを見極める

　ほとんどの企業にとって、本当に必要なものは「シリコンバレーの企業のような画期的な組織や働き方」ではなく、「新しい価値や効率性、生産性の向上をもたらすプロジェクトを適切に実行できる組織になること」でしょう。

　それを実現するのに、大鉈を振るうようにすべてを急に抜本的に変えなくてはならないわけではありません。既存の事業への影響を抑えつつ、少しずつ鍵となる変化を取り込むことでプロジェクトの成功率を上げることは可能です。

組織改革成功のヒント

　それでは「新しい価値や効率性、生産性の向上をもたらすプロジェクトを適切に実行できる組織」になるにはどうすればよいのでしょうか。ここでは、「プロジェクトが得意な組織」がもつ組織改革を成功させるためのヒントを3つご紹介します。

- 組織とプロジェクトのマネジメントを切り分ける
- 人材評価の考え方を変える
- 適切な教育とモニタリングの環境を整える

これらの考え方は組織の設計にかかわる事柄であるため、意思決定者の方にとっては主要な関心事となるでしょう。また、現場で働いている人にとっても、自身の所属する組織がこれらの考え方をどのようにとらえて、実現度がどの程度なのかを考えていくことはキャリアを設計するうえで参考になるでしょう。

　まずは「組織とプロジェクトのマネジメントを切り分ける」ことについてお話ししていきますが、その前提として、ルーチンワークとプロジェクトの違いを整理しておきます。

ルーチンワークとプロジェクトの違い

I 違いを5つの観点で整理

これまでお話ししてきた通り、プロジェクトはこれまで日本の企業で一般的な働き方であった従来のルーチンワークとは本質的に異なる取り組みです。まずその違いを理解したうえで、組織の中で適切にマネジメントできるようにすることが必要です。図2-2にルーチンワークとプロジェクトの違いを示します。

図2-2　ルーチンワークとプロジェクトを5つの観点で整理

観点	ルーチンワーク	プロジェクト
取り組みの仕方	精度の高い繰り返し作業によって品質の高いアウトプットを効率的に量産する	スタートとゴールがあり、不確実性をコントロールしながらタスクを行い、独自性の高いアウトプットを生み出す
成功率	高（不確実性を可能な限り排除し、成功することを前提とした仕組みづくりを行う）	低（不確実性が高いため失敗しやすい）
利益の出し方	大量生産もしくは調達の工夫によるコストカット	適切な予算投資による新しいビジネスモデルの創出や業務改革による効率性や生産性の向上
ベースとなる考え方	前例主義、確実性、形式主義、減点主義	挑戦思考、柔軟性、本質主義、加点主義
予測性	高（費用や成果を正確に見積りやすい）	低（費用や成果を正確に予測することが難しい）

｜　それぞれ特質に適した仕事がある

　ルーチンワークでもっとも重視されるのは正確性と効率性です。たとえば、工業製品をベルトコンベアーを備えた生産ラインで大量生産する際はどれだけ品質の高いものを安く多く早くつくれるかが重視されます。

　また、工場の建設や働く人員の確保といった多額の投資を回収するため、その計画は成功率が高く成果を予測できるものである必要があります。さらに、投資の失敗を防ぐために、前例主義や形式主義の考え方によってミスを防いでいくことも必要です。

　一方でプロジェクトでもっとも重視されるのは、新規性や成功した際のレバレッジ（投資対効果が飛躍的に高くなること）です。たとえば、新規事業や DX（業務改革・組織改革）など、これまでにやったことがない物事に取り組むことで、コストカットや業務の効率化では実現できない「海老で鯛を釣る」ような大きな投資対効果をもたらすことが目的となります。

　しかし、まだやったことがない物事は不確実性が高いため、成功率は必ずしも高くはなく、取り組む際には挑戦的な思考や柔軟性などが求められます。

ルーチンワークとプロジェクトの違いによる組織内対立

ルーチンワークのロジックとプロジェクトのロジックの戦い

　このように、ルーチンワークとプロジェクトは取り組みとして性質が大きく異なり、明確に切り分けを行わなければ組織の中で対立が発生する可能性があります（図2-3）。

　ルーチンワーク型の組織でプロジェクトを実施した際、しばしば既存事業の部署とプロジェクト実行チームが利害の衝突によって対立し、事態を収拾するためにどちらかが犠牲になるケースがあります。

　ルーチンワークのロジックが勝てばプロジェクトは失敗し、新たな価値や利益の創出、業務の効率性や生産性の向上は見込めなくなるでしょう。一方でプロジェクトのロジックが勝てば既存事業の安定性が阻害されるでしょう。

図2-3　管理職とプロジェクトマネージャーの対立

こうした対立やそれによる失敗は多くの組織で見られますが、ルーチンワークとプロジェクトの性質の違いを明確に認識して組織に組み込めば、そもそもこのような対立は発生しません。

｜　フェーズによって必要な考え方は異なる

　ルーチンワークとプロジェクトのどちらの性質も組織の健全な発展には必要です。たとえば、何もないところから事業を立ち上げる起業やスタートアップでは、当初は少人数でのプロジェクト型の働き方が中心となるでしょう。

　しかし、事業が拡大していく際には不確実性を減らすために業務を「型」に落としてルーチンワークの要素を増やしたり、経理や法務、人事などの管理部門を強化したりすることが安定した発展をもたらします。

　あるいは、これまでルーチンワーク型の事業を行ってきた組織では、プロジェクト型の取り組みを組み込むことで、新規事業やDX（業務改革・組織改革）を行って新たなビジネスモデルの創出や効率性や生産性の向上を図ることができるようになるでしょう。

組織改革成功のヒント1
組織とプロジェクトのマネジメントを切り分ける —— 業務量の観点

┃　プロジェクト失敗の鉄板パターン

　ルーチンワークとプロジェクト、それぞれの性質を組織に取り込む際に重要なのは「組織のマネジメント」と「プロジェクトのマネジメント」を明確に分離することです。

　なぜなら、私が普段仕事で見聞きする中で「プロジェクト失敗の鉄板パターン」ともいえるのは、組織のマネージャーとプロジェクトマネージャーの兼務、つまり同一人物であることによるものだからです。

　一般的に「管理職」とよばれる組織のマネージャーは、組織を安定させて発展に導く役割を担っています。社員の活動を取りまとめて事業の成果へと結びつけることが求められ、自分が担当する部署の「KPIの達成・管理」「部下の育成」「意思決定層への報告・相談」「他部署との連携強化」「トラブル対応」が主な業務内容となります。

　昨今では時代の変化から「コンプライアンスへの対応」「部下のメンタリング（心理的サポート）」「リモートワークへの対応」なども求められつつあります。人手不足の場合は、自らもプレイヤーとして動く「プレイングマネージャー」になってしまうことも多いでしょう。

┃　業務がまわらなくなる

　管理職の方の1日のスケジュールを見ればひと目でわかる通り、組織

のマネジメントとして期待される役割を果たすだけでほぼ1日の予定が埋まってしまいます。そこに「KPIの達成・管理」の一環としてプロジェクトマネジメントまで組み込んでしまうと、単純に業務が多すぎるために実務がまわらなくなります（図2-4）。

システム開発のプロジェクトをマネジメントする際は、交渉、タスクマネジメント、計画立案、見積り、契約、要件定義、設計、テスト、保守改善とやるべきことが非常に多岐にわたり、業務量も膨大になります。とても片手間に実施できるものではありません。

兼務状態のマネージャーが過労から精神的に追い込まれることによって、チームがピリピリして心理的安全性（自分の業務上の言動で突然誰かから罰せられることがないと安心できる状態）が阻害されての生産性を大きく低下させたり、重要な判断が遅延したり間違ってしまったりすることで失敗へとつながってしまうのです。

図2-4　管理業務とプロジェクト業務の兼務は非現実的

組織とプロジェクトのマネジメントを切り分ける──人材適性の観点

プロジェクト失敗の鉄板パターン

　人材の適性の観点でも組織のマネジメントとプロジェクトのマネジメントは大きく異なります。管理職は個人としての業績や組織マネジメントの実績が評価されて任命されることが通常で、プロジェクトマネジメントの実績に対する評価であるとは限らないのが一般的です。

　たとえば、個人での営業の業績を評価された人が課長となって営業管理システム導入プロジェクトのマネジメントが業務として与えられた場合、その人はプロジェクトマネジメントをほぼ未経験の状態で取り組むことになってしまいます。

　しかし一方で、IT業界でプロジェクトマネージャーとして独り立ちできるレベルに達するには、プロジェクトの立ち上げからリリースまでを一通り10件以上は経験し、5〜10年程度の専門的な経験が必要となります。このスキルレベルを一般的な企業の管理職に要求するのはかなり無理があるのが現実でしょう。

プロジェクトマネジメントはプロに任せる

　プロジェクトのマネジメントは組織のマネジメントと切り離し、適切な専門性と経験をもつプロフェッショナルに任せることが鉄則です。そして、この際にフリーランスやプロジェクトマネージャーを派遣する企

業などの外部人材の活用は有効な選択肢となります。

　十分な経験を積んだシニアクラスのプロジェクトマネージャーはきわめて少なく、また報酬も高額なため、社員採用のハードルが高いという現状があるからです。

　プロジェクトマネージャーに高額な報酬を支払うために部長待遇で採用しなくてはならず、その際に同じ階級の人とそろえるために組織のマネジメントもやってもらわなければならない、となれば本末転倒です。

　また、組織がまだプロジェクトに適した環境になっていない状況でシニアクラスのプロジェクトマネージャーを採用しても、その人は十分に力を発揮できず、ミスマッチとなって成果を出す前にすぐに辞めてしまうかもしれません。

できるだけ組織内部にプロジェクトマネジメント機能を取り込む

　プロジェクトのマネジメントを外部人材に頼る場合も、できるだけ組織の「内部」にプロジェクトのマネジメントの機能を取り込めるようにしましょう。

　システム開発などのプロジェクトでベンダーにプロジェクトマネージャーが立つことは一般的ですが、社内にプロジェクトのことがわかっている人材を配置することで、プロジェクト遂行能力をベンダーに依存するリスクを回避し、中長期的な戦略として組織内部の人材でプロジェクトを進めていくことができ、ノウハウも蓄積されるようになるのです。

組織とプロジェクトのマネジメントの理想的な関係

組織とプロジェクトのマネジメントは相乗効果を期待する

　組織のマネジメントとプロジェクトのマネジメントは業務と人材配置の観点で明確に切り分けることが必要ですが、それぞれが独立して成立するわけではありません。

　お互いが役割を補完して相乗効果をもたらしてこそ、事業に大きなメリットがあります。組織のマネジメントとプロジェクトのマネジメントは、プロジェクトの遂行に関して、それぞれが異なる役割を履行できていることが理想的な関係となります。

組織のマネジメント

　プロジェクトを推進する際の組織のマネジメントの役割としては、主に次のような項目となります。

- プロジェクト計画・予算の承認、もしくは承認のためのサポート
- 意思決定者に対する計画変更やリスクの報告
- 受発注契約の管理
- プロジェクトの目的や要求の取りまとめ
- プロジェクト要件の意思決定
- プロジェクトのアウトプットのレビュー・承認

- 人員調整（人材調達や社員の稼働調整など）
- 他部署・協力企業への協力依頼、調整
- プロジェクト環境の整備（ツールやサービスの調達など）
- トラブル対応

プロジェクトのマネジメント

プロジェクトのマネジメントの役割としては、主に次のような項目となります。

- 組織に利益をもたらすプロジェクト目的の立案
- プロジェクト計画の立案、アップデート
- プロジェクトのタスクマネジメント
- 計画の調整や変更に伴うエビデンスの作成と交渉
- プロジェクトリスクの報告と対処
- プロジェクトで必要な協力の依頼（人材調達や他部署・他企業との調整、必要なツールやサービスの調達など）
- トラブル発生時の協力体制の構築およびコンティンジェンシープラン（緊急時対応計画）の立案

組織とプロジェクトのマネジメントの相補的な関係

難度の高いプロジェクトほど組織のマネジメントの協力が欠かせない

このように、組織のマネジメントとプロジェクトのマネジメントは相互に補完的な役割を果たしています。プロジェクトのマネジメントだけが実現できても、中長期的に事業に貢献するのは困難です。

実際、これまで私が実施し成功した難度の高いプロジェクトはこの補完関係が適切に構築されていたものばかりです。

プロジェクトが失敗するケースでは、プロジェクトの目的が曖昧だったり、要求の取りまとめができなかったり、追加予算の承認や調整ができなかったり、必要な人員調整や他部署・協力企業への依頼ができなかったりして、プロジェクトが大幅に停滞したり失敗したりすることがあります。

とくに新規事業やDX（業務改革・組織改革）など、難度の高いプロジェクトであるほど、組織のマネジメントの協力が必要不可欠です。

組織体制にも工夫が必要

プロジェクトの遂行において適切な組織のマネジメントを履行できるようにするために組織体制上の工夫が必要な場合もあります。たとえば、システム開発では人件費が積み上がっていくため、予算は大きな金額となることが通常です。日本のほとんどの企業では、決裁は社長や役員、

事業部長レベルになるでしょう。この際、起案をする管理職が課長である場合は通常の意思決定フローでは決裁までに何人もの承認を経る必要があり、時間や労力が膨大になるうえに意思決定もブレやすく、プロジェクトが停滞する大きな原因となることがあります。

　そこで、実際にプロジェクトの計画や予算承認が適切かつ迅速に行われるよう、決裁権をもつ人に直接プロジェクトの情報の機微が伝わる報連相ラインを設けたり、特命プロジェクトとして意思決定フローを通常と変えるなどの体制上の工夫がなされたりすると、プロジェクトの成功率を格段に上げることが可能になります（図2-5）。

図2-5　管理職とプロジェクトマネージャーの関係が良好だとプロジェクトは成功しやすい

組織とプロジェクトの
マネジメントバランスのとり方

| 基本的なバランスのとり方は2パターン

前述の通り、ルーチンワークとプロジェクトは本質的に性質が異なる取り組みです。性質の異なる両者を同じ仕組みで実施すると、それぞれが失敗しやすくなるだけでなく、対立が発生して組織にとってデメリットとなる可能性もあります。

また、競争の激しい現代においては、競争力の確保と組織の安定を両立させねばならず、そのバランスをいかに確保していくかが組織の発展において鍵となります。

組織のマネジメントとプロジェクトのマネジメントのバランスをいかにとっていくかは、既存の事業がどのような比率になっているかで適切な進め方が変わります。ここでは、次の2パターンに分けて基本的な進め方をご紹介します。

- ルーチンワーク型企業にプロジェクトを取り入れるパターン
- プロジェクト型企業に組織マネジメントを拡大するパターン

ルーチンワーク型企業に
プロジェクトを取り入れるパターン

I 想定しうる障害

　ルーチンワークが主軸となる事業会社でプロジェクトを取り入れるパターンは、日本の多くの事業会社に当てはまります。

　メディアや広告などでさまざまな取り組みをやっていることが紹介されている大企業でも、プロジェクトの現場では苦戦しているケースはしばしばあり、組織規模の大小や先進的な企業イメージとはかけ離れていることもよくあります。

　序章でお話しした通り、日本ではルーチンワーク型の事業を行っている企業が多く、組織の制度をすぐにプロジェクトの事情に合わせて変えることが難しいという事情は、プロジェクトを取り入れる際の一般的な障害となっています。

　とくに意思決定フローや評価・報酬にかかわる人事的な制度の変更は、組織に所属するすべての人に大きな影響を与えるため、「うまくいくかわからないもののために、これまでのやり方を変えることはできない」といった反発に遭う可能性も高いでしょう。

　性急なプロジェクトの導入は、前述した「組織のマネジメントとプロジェクトのマネジメントの兼務」状態を引き起こして、組織のキーパーソンを疲弊させてしまうこともあります。

| まずは特命チームをつくる

　すぐにプロジェクトの取り組みを抜本的に進めるのが難しいこうした組織で推奨できるやり方は、「少人数かつ限定的な投資をもとにプロジェクトの取り組みを進め、少しずつ経験とノウハウを組織内に蓄積していく」というものです。

　急に組織の制度や仕事の仕組みを変えるのではなく、外部の専門企業の力を借りながら、自社の社員に少しずつプロジェクトマネジメントのスキルや知見を習得させていくのです。

　具体的な進め方としては、まず少数の優秀な社員を選定して特命チームを形成し、プロジェクトを適切に進めるうえで必要とされる迅速な意思決定や予算承認の権限をもたせるために、事業部長や執行役員などに直接報告したり相談したりすることができるよう体制上の調整を行います。その特命チームが中心となって、外部の専門家や専門企業と連携しながら実際にプロジェクトを実施していくのです。

　プロジェクトは通常のシステム開発のように単発（単年度予算）ではなく、取り組み全体の予算幅を決めて中長期の事業計画に基づいて投資を行い、継続的にモニタリングします。そして取り組みの成否にかかわらず分析を行い、組織のノウハウとして蓄積していきます。さらに、関連部署や特命チームへの増員を行い、より組織の中に広げていくのです。

| 時間はかかるが不可欠な投資

　一つのプロジェクトが一定の成果をもたらすようになるには数年程度

かかるため、こうした取り組みは時間がかかるように思えるかもしれません。実際、組織全体に広がって事業に大きな利益をもたらす状態になるには5年以上はかかることが多いでしょう。

　しかし、人から人へとノウハウを伝えていくことができれば、「ネットワーク効果（ネットワーク外部性）」によって組織は大きく変化することができます（図2-6）。ネットワーク効果とは、ネットワークの結節点となる人が増えることによって、そのネットワーク全体の影響力が強くなる効果のことです。

　たとえば、最初は3人の特命チームでも、その翌年から毎年それぞれが3人ずつ影響を与えていくとすると、5年で243人がプロジェクトのノウハウを得られるようになるのです。実際にはノウハウの習得に時間がかかったり、人材の採用・調達の戦略ともかかわるため、このようにシンプルな展開にはなりませんが、小さな取り組みを着実に広げていくことは組織の改革において着実な戦略となります。

図2-6　知見はネットワーク効果で組織に広がっていく

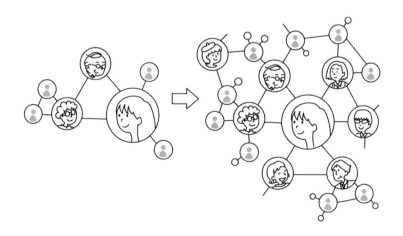

実際に私がこれまでプロジェクトでかかわってきた組織で、古い体質の組織から脱却してプロジェクトの取り組みを継続的に成功させることができているのは、そうした戦略を採用しているところばかりでした。

　なにより、日本の多くの組織がプロジェクトに適応できていないのは、硬直化した組織の中でコストカットに終始し、こうした組織のあり方を変える中長期の取り組みを30年近くやってこなかったことが大きな理由です。次の5年や10年のことを考えれば、すぐにでも実施すべき取り組みといえるでしょう。

❙　急な内製化はあまりおすすめしない

　こうした取り組みには時間がかかることから、成果を出す期間を短縮するために「内製化」の名のもとに多大な投資を行って、新しくプロジェクト専門の部署やジョイントベンチャー、関連子会社を立ち上げる組織もあります。

　しかし、私の経験からいうと、これはあまりよい結果をもたらさない可能性があります。それは、前述した組織のマネジメントとプロジェクトのマネジメントの性質が大きく異なり、既存事業との間に十分な相乗効果をもたらさないことがあるからです（図2-7）。

　抜本的な組織改革や新組織の設立は短期間で成果をもたらすように思えますが、既存事業との反発やずれを修正し相乗効果を出せるようにするには多くの時間や労力を必要とするため、結局は成果を出せるようになるまでに長い時間がかかってしまうことが多いのです。

　もし最終的に同じぐらいの時間がかかるとすれば、投資としてより効率的で着実なのはプロジェクトの取り組みを徐々に拡大していく戦略の

ほうでしょう。また、新しい組織にシニアクラスのプロジェクトマネージャーを十分に調達できない場合は、結果的に徐々にノウハウを蓄積する戦略とスピードは変わらないことになります。

❙　無理に方向転換しないほうがいい

どんな組織にも、同じ状態を保って進んでいこうとする「慣性」のような力が働きます。とくに古い体質の企業や大企業ではそうなりやすいでしょう。その組織の力に対し、強い力を加えて別の方向に導こうとしても、ビリヤードの球のように働きかけた側と逆の方向にはじき返されたり、複雑な反射を繰り返して予期せぬ方向に向かってしまうかもしれません。

それよりは、徐々に向かうべき方向へと導けるように力を少しずつ加えていくほうが、組織が迷走したり混乱や対立が発生したりする可能性を抑えながら着実に進んでいけるのです。

図2-7　急に新組織をつくると対立が起こりやすい

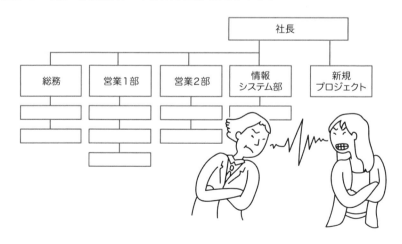

プロジェクト型企業に組織マネジメントを拡大するパターン

▎ 想定しうる課題

プロジェクトが主軸となる企業で組織のマネジメントを拡大していくパターンは、比較的小規模なベンダーやスタートアップに該当します。

これらの企業では元々プロジェクトの取り組みを主軸としているため、まずは安定的にプロジェクトが成功する環境を構築することが必要です。プロジェクトのマネジメントを適切に実行できる人材を調達したり、育成したり、後述する人材評価やモニタリングの仕組みを整えることが主要な課題となるでしょう。

プロジェクトの成功率が高まると売上や利益率も向上し、組織の継続的な発展のために安定性も求められるようになります。プロジェクトの成功のみが組織の目的として定められていると、難度の高いプロジェクトを担当するチームは組織的な支援を得られないために孤立しやすく、プロジェクトが失敗や離職の原因となるからです。

働く人が心理的安全性をもってプロジェクトの成功確率を継続的に高めていけるようにするためにも、プロジェクトの取り組みには組織のマネジメントが補完的な役割として必要になるのです。

▎ マネジメントは兼務しない

この際に重要なのは、組織のマネジメントとプロジェクトのマネジメ

ントをできるだけ同じ人が兼務しないようにすることです。前述の通り、双方の領域でマネジメントとしてやるべきことは膨大にあります。

　一定の規模まで成長した組織がその後成長を止めてしまうことがありますが、それはプロジェクトのマネジメントを行う人材が管理職として新たな職務を与えられた際に、組織のマネジメントまで兼ねることになって機能不全を起こしてしまうことが原因となっている例が非常に多く見られます。

｜　プロジェクトの支援を行う専門家が必要

　プロジェクトの支援を行うポジションを組織のマネジメントを行う「管理職」とするか、あるいは昨今多く見受けられる「PMO（Project Management Office：プロジェクト・マネジメント・オフィス）」とするかは組織が想定する役割によって異なりますが、プロジェクトが効率的に遂行されるためにサポートを行う点では同じです。

　組織が一定の規模になり、多くのプロジェクトが並行で実施されるようになった場合は、プロジェクトの成功率の向上や組織の安定性を図るためにこれらを専門に行う人材を配置する必要があるでしょう。PMOを設置する際は、どのような役割を管理職と分担してプロジェクトをサポートをするかを明示的に決めるとうまく機能します。

組織改革成功のヒント2
人材評価の考え方を変える

┃　ルーチンワークとプロジェクトの評価軸の違い

　本章の冒頭でお話しした通り、ルーチンワークの取り組みとプロジェクトの取り組みは必要とされる姿勢が大きく異なります。

　ルーチンワークでもっとも重視されるのは正確性と効率性であり、その取り組みを評価する際には前例主義や確実性、形式主義、減点主義などの評価軸が採用されます。

　一方、プロジェクトでもっとも重視されるのは新規性や成功した際のレバレッジ（投資対効果が飛躍的に高くなること）です。その取り組みを評価する際には、挑戦思考、柔軟性、本質主義、加点主義などの評価軸が採用されるでしょう。

┃　画一的な人材評価は人材流出を招く

　これらの評価軸は本質的に相いれないため、人材を評価する際にはどちらの評価軸を採用するかについて適切な切り分けが必要です。ルーチンワークを行う人に対して加点主義で評価を行うと、誤った成果主義となって個人の利益のみを考えた行動が増えて組織の統制を失うでしょう。

　また逆に、プロジェクトを行う人に対して減点主義で評価を行うと、本来必須であるリスクへの対処に消極的となり、トラブルの報告なども行われなくなって、プロジェクトの失敗へとつながるでしょう。

この人材の評価軸の混同は非常によくある失敗の原因となっています。たとえば、事業会社でプロジェクトに取り組む人をルーチンワークの評価軸で評価したために、その人材が大きくモチベーションを失ってメンタルを病んでしまったり、離職したりしてしまうといった事例は頻繁に見かけます。

　また、プロジェクトの取り組みを主軸とするスタートアップ企業で、組織の安定性をもたらす役割を果たす管理職やPMOの人材をプロジェクトの評価軸で評価し、直接利益を生み出さない「コストセンター（業務にかかったコストだけが集計されるポジション）」と見なすことで、その人材が同様に潰れてしまうこともしばしばあります。

　現代において、組織が適切な競争力を確保し健全に発展していくには、組織のマネジメントとプロジェクトのマネジメントの双方が必要です（図2-8）。このバランスを適切に保つためにも、人材の評価軸をどのように設定するかはきわめて重要なテーマとなるのです。

図2-8　組織のマネージャーとプロジェクトのマネージャーの人材評価を
　　　　適切に行う

評価軸を設定する

組織体制にも工夫が必要

　ルーチンワーク型の働き方については、日本でも長い歴史があり、組織の所属年数や職位、専門性、労働時間などの評価に対する考え方が社会に共通認識として広がっています。

　しかし、プロジェクトをどう評価するかについては共通認識とよべるものがあまりなく、評価軸の設定を失敗してしまうことで組織に悪影響をもたらしていることがあります。

プロジェクトの評価軸の3つのパターン

　プロジェクトの評価軸は事業の種類によって次の3パターンで考えるのが適切でしょう。いずれも判断基準が異なりますが、プロジェクトは成功率が高くないという点でプロセスの妥当性を評価することは必要不可欠です。

　不確実性に取り組むプロジェクトで最終的な数値でしか判断されなくなると、誰もキャリア上のリスクをとらなくなるからです。

- 受託開発：プロジェクト全体の最終的な利益率
- 新規事業・サービス開発：プロジェクト遂行における投資対効果
- DX（業務改革・組織改革）：プロジェクトで達成された業務効率性

受託開発のプロジェクトの評価軸

▌ 最終的な利益率を判断基準とする

　発注者からシステム開発などを受注して進めるプロジェクトの場合は、プロジェクト全体の最終的な利益率が重要な判断基準となります。プロジェクト計画の立案や見積り、要件変更や追加要件の調整といった受託開発で重要なプロセスの精度は、最終的にプロジェクト全体の利益率という形で表れるからです。

　これらのプロセスの精度が低い場合、追加工数のもち出しや発注者との合意形成の失敗という結果になり、低い利益率や赤字という形で表れます。

　受託開発の場合は営業も売上金額ではなく、プロジェクト全体の利益率で評価する必要があります。営業が受注したプロジェクトの売上金額で評価される場合、提案金額を安く提示して無理に仕事をとったり、発注者の要求を安請け合いして、そのツケをプロジェクトマネージャーに丸投げするという「売り逃げ」が可能になるからです。

　多くの赤字プロジェクトを抱えている受託開発の企業は営業が売上金額で評価されていることが多く、これは適切なプロジェクト計画や要件定義、見積りを行う際の障害となるだけでなく、炎上の多発によって離職者を出したり、人材が育たなかったりといった組織の空洞化にもつながる可能性があります。

新規事業・サービス開発の
プロジェクトの評価軸

投資対効果を判断基準とする

　新規事業や自社サービスの開発を行うプロジェクトでは、投資対効果が重要な判断基準です。つまり、プロジェクトの目的としているビジネスモデルや既存のサービスの追加開発の実現によって、どれだけの経済的なメリット（新規顧客の獲得や顧客単価の向上、マーケティングデータの取得コスト換算など）が得られるかが判断の基準となります。

　しばしば、中長期の事業計画で億円単位の売上を想定しているにもかかわらず、初期開発プロジェクトの妥当な予算追加を渋って全体が停滞したり、失敗したりするケースがありますが、これはプロジェクトが果たすべき目的の観点でいうと本末転倒です。

　新規事業やサービス開発では「海老で鯛を釣る」、つまり少ない投資で大きな成果を出すことが目的となるため、それが中長期的に可能かどうかを経営的な視点で評価する必要があります。

プロダクトや事業全体での貢献度も評価する

　プロジェクトによってはインフラの構築や運用など、単体では投資対効果が見えにくいものがありますが、これはプロダクトや事業全体で貢献度を評価しなければなりません。

　たとえば、ソーシャルゲームの開発など、わかりやすい収益を上げる

プロジェクトばかりが評価され、それとは別のプロジェクトとして行われているインフラ開発プロジェクトが評価されないために離職などで組織が空洞化し、最終的にプロダクトの品質やセキュリティのレベル低下によって収益まで落ちてしまうといった事例がありますが、これは個別のプロジェクトだけで評価を行っているために起こるのです。

　新規事業やサービス開発のプロジェクトの基本的な評価は投資対効果ですが、それはプロダクトや事業全体に対してどのような貢献を実現できているのかを勘案し、プロジェクトごとに適切に判断する必要があります。

DX（業務改革・組織改革）の
プロジェクトの評価軸

┃ 達成される効率性を評価基準とする

DX（業務改革・組織改革）プロジェクトでは、達成されるべき効率性が重要な判断基準です。業務効率は、一定期間で効率化された業務時間とそこにかかる人件費、リプレイスされるシステムの維持費などで計算されます。さらに、営業管理システムなど、業務の効率化によって売上や利益にもプラスの影響がある場合はそれも考慮に入れます。それだけDXのプロジェクトは大きな効果をもたらす可能性があります。

しかし、そうしたプロジェクトを実施する際は、新しく業務システムを開発し、あわせて業務フローや組織構成の見直しまで実施する必要があるため、多くの投資や調整の労力が必要となります。

この際に、コストやスケジュールの観点から要件が削減されることがしばしばありますが、それによって新しく導入されるシステムの機能が減り、部署ごとに軽減される業務の量が変わって負荷のバランスが大きく偏ったり、現場で利用しなければならないシステムが追加になって業務量が増えたりすることがあります。これは組織全体の観点で見たとき、かえって効率性が下がっていることになります。

「コストを20%カットしたために業務効率が40%悪化した」などということが起こらないよう、プロジェクトが達成されるべき効率性の観点でプロジェクトを評価する必要があります。

適切な教育と
モニタリングの環境を整える

▎ これからはプロジェクト人材がますます希少に

　プロジェクトの取り組みを組織として進める際、人材の育成環境とプロジェクトのモニタリングの仕組みを整えることも欠かせません。

　プロジェクトを遂行できる人材はすでに希少人材となっており、一人の転職者に対して複数社のオファーが出るといった状況は、いまや常態化しています。また、希少性によって報酬も高額化しているため、人材をいかに育成できるかは今後の組織にとって死活問題となるでしょう。

▎ プロジェクトがいまどうなっているかを知る

　また、プロジェクトはつねに状況が変化し、リスクは顕在化する前に対処することが求められるため、組織として「プロジェクトがいまどうなっているか」を適切にモニタリングできる仕組みが必要です。

　リスクが顕在化してトラブルが発生したり、スケジュールの遅延や工数不足となってプロジェクト全体が炎上したりした後に、組織がそのことを検知する状態が続くと、利益構造が悪化するだけでなく、ワークライフバランスの悪化によって離職者が増え組織の空洞化につながります。

　つまり、人材の育成環境とプロジェクトのモニタリングの仕組みを整備することは、人材を通じて組織の強化と安定性につなげる要素となります。ここでは、それぞれの仕組みに関する注意点を説明します。

人材の育成環境を整備する際の注意点

I　人材育成を仕組み化する

　第4章と第5章で詳述する通り、プロジェクト人材の育成では「個人への適切なノウハウの蓄積」と「プロジェクトを実施する際に本質的につきまとうストレスへの対処」が欠かせません。

　これらが組織で適切に行われていない場合、本人の自助努力に頼ることになり、育成の「歩留まり」が悪くなります。つまり、元々能力やバイタリティをもっている人材しか「一人前」になることができず、途中で挫折してしまう人がたくさん出ることになるのです。

　組織の発展をもたらすためには、人材の素質に頼るのではなく、仕組みによって「各人材がもっているスキルの平均点を上げる」という観点が必要です。

「獅子は我が子を千尋の谷に落とす」を地でいくような人材育成を行っていると、若手が育たず組織力の向上が見込めないばかりか、収益を少数の「エース」に頼ることになり、組織の安定性の観点で大きなリスクを抱えることになります。効率的にプロジェクト人材を育成する際は、次の3点に留意して環境を整備するとよいでしょう。

- 体系的な知識と現場での習得をセットにする
- ドキュメントのテンプレート化を促進する
- メンタリングの仕組みを整備する

体系的な知識と現場での
習得をセットにする

｜ 育成環境の現状

　日本でも多くの組織でOJT(On the Job Training：オン・ザ・ジョブ・トレーニング) がしばしば行われています。しかし、昨今では現場の人手不足によって、かつてのように新人に対して上司や先輩が手取り足取り教えてくれる組織はきわめて少なくなっています。

　こうした状況では、OJTは単なる「未経験者の現場投入」となります(図2-9)。投入された新人は右も左もわからない状態で大きなストレスを抱え、ノウハウを蓄えるどころではなくなります。また、成功体験を積むことができずに早々に挫折してしまうかもしれません。

　とくにプロジェクトのスキルは全体性が高いため、まだその全体像が見えないうちに日々の業務を行っていると、煩雑さや難しさにとらわれて業務の山に埋没して潰れてしまう可能性があります。

｜ スキルの見取り図を学ぶ

　こうした状況を避けるために、まずプロジェクトで必要とされるスキルの見取り図を学び、それを踏まえて業務に取り組むと効率的にノウハウを習得することができるようになります。

　「何をやらなければならないか」がわかっている状況では、教える側も手取り足取り教える必要がなくなるため、教育コストの低減にもつながります。

実践的なスキルセットが欠かせない

　プロジェクトは実際に経験してみないとスキルの必要性に気づかないことも多く、その意味で OJT は有効ですが、新人が業務によって自分自身を見失わないようにするためにも、スキルの全体像を研修や書籍などで学習してから実施することが必要です。

　その際に抽象的なフレームワークを採用すると、現場への適用の点で障害となる可能性があるため、スキルセットを選定する際はそれが実践的なものになっているか留意する必要があるでしょう。

図2-9　育成環境が未整備な状況では素質のある人しか生き残れない

ドキュメントのテンプレート化を促進する

┃　毎度ゼロからつくろうとしない

　プロジェクトでは合意形成のために大量のドキュメントを作成する必要がありますが、スキルが未熟な人が「どのようなドキュメントをつくらなければならないか」をゼロから考えて作成するのは非常に難度が高い作業です。しかし、すでにあるものを流用して作成できる環境が整っていれば、ゼロから考えて作成するのに比べて作業の難度を大幅に下げることができます。

　たとえば、発注者に提示するプロジェクト計画書はどのようなもので、何を記載しなければならないかがあらかじめわかっていれば、ドキュメントを作成する労力を大幅にカットできるだけでなく、打合せで何を決めなければならないかも理解することができます。

┃　一度テンプレートをつくれば中期的に得をする

　プロジェクトは実施する内容によって、ある程度はテンプレート（ひな型）化することができるため、それを整備していけば、スキルが未熟な人でも効率的にプロジェクトを進めることができます。

　プロジェクト計画、要件定義、見積り、設計、テスト計画、リリース計画など、プロジェクトの各フェーズで必要となるドキュメントのテンプレートをそれぞれ整備するには大きな労力を必要としますが、人材育

成の観点では大きな効率性をもたらします。

　人材育成の環境整備で最初に実施すべきことは実践的なスキルの全体像を学べる環境をつくることですが、その次に有効な施策として挙げられるのがプロジェクトで必要となるドキュメントのテンプレート化です。

　私がこれまで見てきた組織でここまで実施できているケースは稀ですが、実際に運用されていれば、驚くほどのスピードで人材が成長していくことを実感します。

｜　テンプレートは定期的に見直す

　余裕のない状況で多くのプロジェクトを回している組織にとって、テンプレートを整備することは大きな負担となるでしょう。

　しかし、組織全体でのプロジェクトの成功率の向上や人材育成の観点で見ると費用対効果の大きい施策となるため、実施の際は担当者のアサインや整備のための工数の確保、施策への適切な評価が必要です。

　また、テンプレートは作成した後も定期的に見直していくことも必要です。現代のプロジェクトは日々刻々と進歩しており、プロジェクトの進め方や使用するフレームワーク、ツールも変わっていくからです。

　せっかく大きな工数をかけてテンプレートを用意したのに、プロジェクトに合わないから使われなくなるということがないよう、現場からのフィードバックを受けて適宜改善していくことが求められます。

メンタリングの仕組みを整備する

| 精神的なケアをするときの留意点

　大量のタスクをこなし、利害関係者と交渉や調整を行いながら不確実性をコントロールする取り組みであるプロジェクトは、実施する際に多大なストレスを抱えることになります。私もこれまでの経歴の中で、プロジェクトマネージャーやその志望者がストレスによって挫折していったのをたくさん見てきました。

　とくに就職して間もない若年者は「仕事をすること」に伴うストレスのコントロールを十分できないことが多く、人材育成に関する環境整備では、働く人のストレスの軽減という観点が外せません。

　ワークライフバランスが重視されている昨今では、多くの企業で「1on1（1対1の面談）」や「メンター制度（組織内でメンター：相談者を選んで仕事やキャリアについて相談ができる制度）」という形で人材の精神的なケアを行う目的で取り組みが行われていますが、これも実施する際には次のような留意すべき点があります（図2-10）。

- 上司（評価者）をメンターにしない
- メンターは相談者をジャッジしない

上司（評価者）をメンターにしない

しばしば、1on1は上司（管理職）と部下の間で設定されますが、これは相手の人となりを知って人間関係をつくるという意味では有効ではあるものの、ストレスの軽減という観点ではあまり有効ではないことがあります。

ストレスを軽減するには、日々仕事をするうえで感じる不安やストレス、悩みを相手と率直に共有できる必要がありますが、通常、上司は部下を評価する立場にあるため、マイナスの評価につながるかもしれないミスや引け目を感じる話はしてくれない可能性が高いのです。

メンターは相談者をジャッジしない

相談を受ける人は相談する人の話をジャッジ（良し悪しを断定）しないようにすることも大切です。ほとんどの相談者は自分自身の行動の価値判断や「正解」を求めているのではなく、不安やストレス、悩みを共有する相手を求めています。

しかし、相談する相手が余裕のない管理職だったり、職場の優秀な先輩だったりすることが多く、そうした相手が「会社の理屈」や正論を振りかざして相談した内容の価値判断や良し悪しを指摘するようになると、相談者は心を閉ざして「部下」や「後輩」という役割を演じるようになるのです。これは役割や台本が決まっている「コント」を演じているのと同じで、あまり大きな意味をもちません。

図2-10　精神的なサポートは関係性が大切

┃　「ぶっちゃける」場が大切

　実際、私はクライアントの企業でプロジェクトマネージャーたちのメンターを務めることがありますが、私は評価者ではないため、彼ら・彼女らは組織内の上司や先輩には相談できない、相談しづらいことを積極的に「ぶっちゃけて」話します。

　そうした話をする中で、相談者はストレスを軽減させると同時に自分の中で悩みの「答え」を見つけて、また日々の業務に戻っていくのです。

　育成する人材の精神的なケアを目的としてメンタリングの仕組みを整備する際は、前述の理由から社内で相談相手を見つけることが難しいこともあります。その場合は、経歴の長いフリーランスなど外部の人材に頼るのも一手です。

　さまざまな経験を経ているからこそ聞けるアドバイスや示唆があれば、若手の人材も精神的な面で大きく成長するでしょう。

モニタリングを整備する際のポイント

I 非定期でインフォーマルな報告・相談ライン

プロジェクトのリスクやトラブルを組織として早期に検知するための環境を整備する際は、次の点に留意するとよいでしょう。

●非定期でインフォーマル（非公式）な報告・相談ラインをもつ

多くの企業で、定例の進捗会議やそれに類する会議体が用意されています。しかし、プロジェクトのリスクやトラブルを早期に検知するという目的では、あまり有効とはいえません。

メンタリングと同様、組織の公の場では、評価者からマイナスの評価がくだされたり、周囲からの評判を下げたりするかもしれないという懸念から、自分に不都合な情報は隠蔽されるようになるからです。

プロジェクトのリスクの機微は、報告書などに文字として残るものに記載することが難しいものも多く、それが形にできるような状態になってからでは初動が遅れてしまっていることもしばしばあります。

I トラブルに先手が打てるようになる

たとえば、プロジェクトマネージャーが発注担当者と打合せを行っている際に、発注担当者の言動に違和感を抱いて、「後で無茶な追加要求

を伝えてくるかもしれない」と感じた際に、それをすぐに組織の意思決定者などに報告して対策を検討しておくことができるかは、トラブルに先手を打つという意味で決定的な違いを生み出します。

　事前に契約書や共有したドキュメントを確認しておいたり、交渉の際の合意ラインを検討しておいたり、ビジネスとして譲れるところとそうでないところの認識を組織内でそろえておいたりすることで、次の打合せで追加要求を伝えられた際に事前にくぎを刺すことができて、大きなトラブルには発展しないかもしれません。

　しかし、そうした先手を打てない場合、回答を用意する間に発注者がさらに追加要求を積み重ねてきたり、請求金額の譲歩を迫ってきたりする可能性もあります。このように、すぐに相談できる報告・相談ラインはプロジェクトの円滑な進行に役に立つのです。

｜　ちょっとした相談ができるかどうかが明暗を分ける

　もちろん、定例の進捗会議をもつことは組織内での公式的な相談の場として共通認識を形成するという点では意義がありますが、プロジェクトのリスクやトラブルを早期に検知するという目的では十分な役割を果たせない可能性があります。

　意思決定者や組織のマネージャー、メンターなどに対して、インフォーマルな報告・相談のコミュニケーションラインで「ちょっと今日の定例で発注担当者の言動が怪しかったので、その対策をとっておきます」と話せるかどうかは、プロジェクトのリスクやトラブルを早期に検知してスムースに進めるうえで重要な仕組みとなります。

適性と経験を見極める

適性と経験は人材育成の両輪

　プロジェクトの取り組みを組織の中で広げていく際に鍵となるのが、プロジェクトへの人材の「適性」と「経験」の見極めです。適性の見極めは主に人材の育成や配置の際に、経験の見極めは組織に欠けているノウハウを外部から調達する際に重要な考え方です。

中長期的な組織戦略に影響する

　適性の見極めに失敗すればプロジェクトの取り組みは広がらず、経験の見極めに失敗すれば高い費用で調達した人材が機能しません。つまり、これらの見極めは中長期的な組織の戦略に大きくかかわる要素です。
　しかし、現状の日本の組織では意思決定を行う人々がプロジェクトの経験をあまりもっていないことが多いために、これらの見極めで失敗をしてしまうケースが後を絶ちません。そこで、人材のプロジェクトの適性と経験の見極め方を紹介します。

適性の見極め方

▌ 適性をどうとらえるか

　人材の育成と配置を考えるうえで欠かせないのが、プロジェクトを実施する人の「適性」をどうとらえるかです。これは、私が研修やコンサルティングでかかわる企業の経営層からもっともよく聞かれる質問の一つです。

　組織にプロジェクトの取り組みを広げていく際は、まずキーパーソンが適切にプロジェクトを遂行し、ノウハウを蓄積していけるかが最初の大きな難関になります。まずそこがクリアできなければ、その後の周囲とのノウハウの共有ができず、組織の改革は進まないからです。

　さらに、プロジェクト人材を増員する際にも適性がマッチしない人材を割り当ててしまうと、その後の展開は止まってしまいます。組織の意思決定を行う人が、プロジェクトを実施する候補者の適性を見極めたいと考えるのは当然でしょう。

　また、これからプロジェクトを軸としたキャリアを構築しようと考えている志望者や、ジュニアクラスのプロジェクトマネージャーなどからも「自分がプロジェクトに向いているのか」を知りたいという欲求から、同様の質問を受けることがしばしばあります。

特定の評価軸はない

　結論からいうと、残念ながら未経験の状態からプロジェクトへの適性を判断できるような性格や個性などの特定の評価軸はありません。これは、プロジェクトマネジメントのスキルの多くが経験によって培われるものだからです。

　そのことは、多くのシニアクラスのプロジェクトマネージャーたちとかかわるとよくわかります。彼ら・彼女らの個性は多種多様で、経歴もさまざまだからです。

　多くの人が過去に大きな失敗を経験しており、そこから学んでいることも大きいため、未経験の頃とは性格も大きく変わっていることが一般的です。

実際にプロジェクトを経験してみないとわからない

　実際に人材の育成を行っていると、最初は「この人、大丈夫かな?」と思えるような人でも、プロジェクトの経験を積む中で急に成長して、数年後にその部署や組織を支える「エース」となることがあります。もし事前に特定の評価軸でフィルターにかけていれば、こうした人の芽は摘まれてしまっていたことでしょう。

　また逆に、いかにも優秀そうな人がプロジェクトを実施する過程で早期にリタイアしてしまうこともしばしばあります。もしプロジェクトに取り組む前から性格や個性などを評価され、周囲から高い期待を受けていながら挫折してしまうと、精神的なダメージが倍増してせっかくの優

秀な人材をつぶしてしまうことになりかねません。

　未経験のうちから特定の評価軸で適性を見極めようとすることは、こうした悲劇を未然に防ぐ意味でも避けるのが無難です。

▎　優秀な人の行動傾向はある

　プロジェクトにおける適性はスポーツにおける体格や運動神経などとは異なり、生まれつきもっている性格や、そのポジションに就くまでの経験で培われたものはそれほど大きな役割を果たしません。その意味で人材のプロジェクトへの適性を事前に推測することは困難です。

　しかし、「経験を積んだ優秀なプロジェクトマネージャーはこのような行動の傾向をもっている」ということはいえます。ある人材の適性を評価するには、まずやる気のある志望者に経験を積めるポジションや役割を与えてみて、中長期的にそれらの行動傾向を備えているかで判断するのがよいでしょう。

行動特性の4つの評価軸

┃ 評価軸には濃淡がある

　ここでは、私が数百人のプロジェクトマネージャーと仕事をしてきた中で、優秀な人に共通する行動の傾向を紹介します。人の行動は場面場面で変わるため、その傾向を「こうだ」と断定することは難しいですが、4つの評価軸を置いて、おおまかな行動の特性を説明します（図2-11）。

　それぞれの評価軸はグラデーションになっており、どちらかが正しいというものではありません。プロジェクトの適性を考えるときは、それぞれの評価軸の中で片方の基準に偏りすぎていないかをチェックするとよいでしょう。

図2-11　4つの評価軸

自立心の高さ ━━━━☆━ 優等生
個人主義 ━━☆━━ 集団主義
楽観主義 ━☆━━━ 悲観主義
利他の精神 ━☆━━━ 利己主義

┃　自立心の高さ──優等生

「自立心の高さ──優等生」の評価軸は、自分で何でもやろうとする特性と物事を完璧にこなそうとする特性のバランスについての評価軸です。プロジェクトではやるべきことが膨大にあり、成否にかかわる重要な検討事項もたくさんあるため、プロジェクトを担うキーパーソンが優秀である必要性は疑う余地がありません。

　しかし、不確実な状況で進んでいくプロジェクトの取り組みでは、目の前にあるすべての物事を完璧にこなそうとしたり、実施した事柄についてつねに周囲からの評価を得ようとすると、当人の期待通りに進まずに精神的に挫折してしまうことがあります。

　成果の見えづらい泥臭い作業が多く必要とされたり、自分自身の責任が問われるかもしれない状況に置かれたりするプロジェクトでは、一見優秀そうに見えるエリートが簡単に挫折してしまうことがありますが、これはそうした特性の偏りに起因するものです。

　プロジェクトでは「正しいかどうかわからないがやってみる」や「自分はこうだと思う」といった、ある程度自立心がある人のほうがグイグイ進めることができる場合が多いのです。

┃　個人主義──集団主義

「個人主義──集団主義」はプロジェクトを実行する人が個人プレーとチームプレーのどちらに主眼を置こうとするかの特性のバランスについての評価軸です。

一見、チームワークが必要とされるプロジェクトでは集団主義のほう
が向いている印象がありますが、集団主義が強すぎると組織の論理や集
団思考（第1章参照）に流されやすくなり、プロジェクトの途中で収拾が
つかなくなってしまう可能性があります。プロジェクトを担う人材は
リーダーとして多くの情報や意見を集約して見解をくだす必要があるた
め、自分自身の軸は強くもっておくことが求められます。

　とはいえ、個人主義が強くなりすぎると、独善的になって判断に失敗
したり、チームワークを損なったりする可能性があるため、自分自身の
軸は強くもちつつ、さまざまな情報や周囲の意見から謙虚に学べる姿勢
が必要不可欠です。リーダーとして個人と集団のバランスをどのように
とるべきかについては、第3章で詳述します。

｜　楽観主義 ── 悲観主義

「楽観主義──悲観主義」は物事をどのようにとらえるかの特性のバラ
ンスについての評価軸です。プロジェクトは不確実性の高い取り組みの
ため、物事を悲観的にとらえる人が実施すると大きな精神的ストレスを
つねに抱えることになります。

　たとえば、「どんなシステムをつくるかが何も決まっていないのに、2
億円の予算とプロジェクトが果たすべき目的を背負っていく」というよ
うな立場は、悲観的な人にとっては相当辛いことでしょう。

　しかし、楽観的すぎるとリスクの評価や計画の詰めが甘くなって、そ
れが大きな失敗の原因となることもあります。「プロジェクトの計画や
実行の際は楽観的に、リスクの評価や計画の詰めについては悲観的に」
が理想ですが、物事をどのようにとらえるかは個人の性格に由来するこ

とも多いため、楽観主義的な人材と悲観主義的な人材にタッグを組ませてプロジェクトを担当させるようにすると、お互いの欠点を補完し合って効率的にプロジェクトを進めることができるようになります。

　経験を積むうちに場面ごとに楽観主義と悲観主義の切り替えができるようになるため、それを独り立ちの指標にするのもよいでしょう。

｜　利他の精神 ── 利己主義

「利他の精神──利己主義」はプロジェクトを担当する際の個人的な動機の特性についての評価軸です。プロジェクトはハイリスク・ハイリターンな取り組みのため、ある程度は利己的な目的をもつ野心的な人物でないとそもそも望んで実施しようとはしません。また、多くの困難に遭遇するプロジェクトにおいて、当人の個人的なやる気はもっとも重要な特性となるため、「上からいわれて嫌々やる」といったスタンスでは到底務まらないのが現実です。

　しかし、プロジェクトを担う人材の野心がプロジェクトの成功による周囲の評価や報酬だけに限られていると、プロジェクトで必要とされる泥臭い作業やシビアな交渉をやらず、成果や評判を得やすい「おいしいところ」だけをもっていく言動につながります。これでは周囲から信用を得られず、結果としてプロジェクトは失敗してしまいます。

　さらに、プロジェクトをリードする人材はプロジェクト全体やチームに対して大きな影響力をもつため、メンバーの不公平なあつかい、いわゆる「えこひいき」や特定のベンダーとの癒着などにも注意を払う必要があります。

　場合によっては、えこひいきがセクハラやパワハラにつながったり、

ベンダーとの癒着でキックバックを得て私腹を肥やしたりすることにつながることもあります。

こうしたプロジェクトへの独善的なかかわり方は、いつも言動を見ているメンバーには明白なためチームの生産性を大きく下げるだけでなく、内部からの告発や上場審査や外部からの監査などによって、社会や株主から組織の管理上の責任が問われることもあります。

プロジェクトを担う人材がもつ野心は個人的な動機として欠かせませんが、それが節度のある行動に結びついているかは注意深く確認する必要があります。醜聞にあたるためあまり世の中には広められませんが、実は困難なプロジェクトを成功させてきたにもかかわらずセクハラやパワハラ、キックバックなどのトラブルでキャリアを失う人は多いのです。

また、第1章でお話しした通り、プロジェクトにおいて利他の精神はメンバーや関係者の羅針盤にもなる重要な価値観ですが、あまりにも利他の精神が強すぎると自己犠牲となって、過労や精神的なストレスで潰れてしまいます。

プロジェクトを実施するうえで、利他の精神と利己主義はいずれも必要となりますが、どちらかに偏りすぎていないかが重要です。

経験の見極め方

▌ 専門分野の経験を見極めるのは難しい

　プロジェクトを担う人材を外部から採用したり、プロジェクトのノウハウをもつパートナーを調達したりする際、相手の経験を適切に見極めることはまさに生命線となります。

　プロジェクトの現場では、しばしばプロジェクトマネージャーやプロジェクトを実行する組織のキーパーソンの経験を見極めることに失敗して、プロジェクトの取り組みを広げることができなくなっている事例をよく見かけます。

　これは、人材を見極める立場の人がプロジェクトの経験が少ないために相手の専門性のレベルを見誤ってしまうことが原因です。しかし、多くの日本の組織はそうした状況にあり、いわば「鶏と卵」の状態になっています。これを打破するには、まず人材を調達する側が候補者の経験の見極め方について、適切な認識をもつ必要があります。

▌ スキルや専門性の違いによるミスマッチ

　これまでお話ししてきた通り、プロジェクトでは計画や見積り、タスクマネジメント、交渉、要件定義、設計、テスト、リリースなど、それぞれのフェーズによってやるべきことが変わるため、多様かつ専門性の高いスキルが求められます。

たとえば BtoB の業務システムと BtoC のスマホアプリでは同じ IT プロジェクトでも必要となる専門性の比重が異なるため、スマホアプリのプロジェクト経験をもつ人物が業務システムを開発するプロジェクトでは通用しない、といったケースがしばしば見られます。

経験を見極める側の眼力も不足しがち

　こうした領域の違いによるミスマッチ以外にも、プロジェクト経験を見極められる人が世の中に少ないことから、自身のスキルや実績を誇張して企業に取り入ろうとする人がいたり、採用する側が相手の所属企業や肩書を過大評価してしまったりすることもあります。

　いずれの場合もプロジェクトの推進力とはならず、人材のミスマッチとして調達コストや機会損失につながってしまいます。

　採用や調達で検討する候補者がどのような経験を実際にもっているのかを正確に把握するには、その領域での専門的な経験が必要となります。

　しかし、相手の専門性のレベルをチェックするための視点をもつことについては、必ずしも専門的な経験を必要としません。その視点をもつには、専門性自体のとらえ方を理解すればよいのです。

専門性のとらえ方を理解する

　たとえば、ある専門領域を水泳とすると、専門性のレベルは図 2-12 のように表現することができます。実際にはより細分化されるなどレベルのあり方は多様ですが、経験や専門性のレベルがどのようなものかはイメージすることができるでしょう。

図2-12　水泳の専門性レベルのイメージ

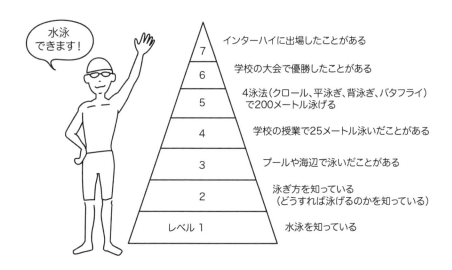

　仮に「私は泳げます！」とアピールする人がいたとき、自分自身は泳げない人でも相手がこの図のどこに位置するかは相手への質問や経歴などで確認することができるでしょう。少なくとも、「水泳の専門性をある程度もっている」と判断するには、レベル5以上の経験を想定するのではないでしょうか。

肩書や資格に惑わされない

　これと同様に、プロジェクトに関するキーパーソンへの質問や経歴のチェックの際に、相手が「自分の手で実際にどこまでやったことがあるか」を確認して実際の経験を推測することは可能です。

　しばしば、プロジェクトに関する人材調達のミスマッチでは、相手のアピールや経歴、肩書を過大評価することで、図2-12におけるレベル2

やレベル3に相当する経験しかない人を採用してしまっていることがあります。

　職務経歴書や名刺に「プロジェクトマネージャー」と書いてあっても、実際には定例に出てたまに口をはさむだけだったり、部下やベンダーがやっているプロジェクトの報告をExcelで管理していただけだったり、座学で特定の資格をとっただけだったりするケースはしばしばあるのです。

　第5章で詳述する通り、プロジェクトマネジメントでは一人前になるためには少なくとも約1万時間に及ぶ膨大な試行錯誤と労力を必要とします。そのため、「やるべきことを知っている」と「実際にやったことがある」の間には、「水泳を知っている」と「学校の大会で優勝したことがある」の間と同じくらいきわめて大きな差があるのです。

　また、難易度の高いプロジェクトに対応するには単純な経験量だけでなく、かかわったプロジェクトの種類やフェーズといった質的な観点も重要です。たとえば、新規事業のプロジェクトを任せる人材を探しているのに、大規模システムの機能拡張プロジェクトを長年やっている人を採用しても、マッチする可能性は低いでしょう。

　自分たちが必要とする「プロジェクトの経験者」はどのレベルなのかを事前に検討し、冷静に候補者のレベルを確認することがプロジェクトの取り組みを組織で拡大する際には必要不可欠です。

プロジェクトを任せている有望な若手から
転職したいと申し出されて困っています

Q 有望な若手に新規事業のプロジェクトを任せたところ、初期プロジェクトが落ち着いた途端に転職したいと申し出があり、困惑しています。何がいけなかったのでしょうか？

A 実はこれも経営者や組織のマネージャーからもっともよく受ける相談の一つです。本章でお話しした通り、組織の環境整備や人材育成に関する評価の整備がプロジェクトの取り組みを進める際には鍵となりますが、それらを進めるにはどうしても時間やコストがかかります。

また、組織の改革を進める際には組織を構成する人々の納得感も必要となるでしょう。関係部署の調整を重視する日本型の組織では、かかわる人の納得感を得られなければ各所で認識のずれが発生し、改革がうまくいかないばかりか対立が発生したり、それによる効率性や生産性の低下にまでつながる可能性があるからです。

自社でもプロジェクトの取り組みが推進できることを示すためにもまずは成功事例が必要となりますが、それには優秀な人材が必要となるでしょう。そこで特命チームとして優秀な人材を配置して予算を与え、裁量と集中できる環境を与えてプロジェクトを進めることが現実的な選択となります。

こうした方法を採用している組織はよくありますが、それらの組織

でしばしば見られるのが、質問にあるような中心的な役割を果たす人材の離職です。プロジェクトのノウハウは個人に蓄積するため、こうした人材を失うことは組織にプロジェクトの取り組みを広げるうえで大きな損失となります。

　また、経営者や組織のマネージャーにとって重要な取り組みを任せる人材は、優秀で将来を有望視されており、組織へのロイヤルティ（愛着心や忠誠心）が高い人物が選ばれることが多く、将来的な事業への貢献の可能性という点でも重大な損失となります。

　有望な人材の離職は経営者や管理職に強いトラウマをもたらし、ベンダーや外部人材への依存度を高めたり、プロジェクトの取り組み自体を忌避するようになる原因にもなりますが、これは組織の競争力の維持や向上の点では大きな後退となります。

　つまり、プロジェクトの取り組みを本格的に広げるうえでは組織の改革が必要ですが、その前段階として成功事例をつくるための人材をつなぎとめておく工夫が必要不可欠となるのです。制度が整わない中では報酬や特別な評価といった実質的な見返りを与えることは難しいですが、まず「気にかける」だけでも大きなモチベーションの低下を避けることはできます。

　私は有望な人材の離職に関する質問や悩みを相談されたとき、まず「ちゃんとそうした人材とコミュニケーションをとっていますか？」と尋ねます。

　しばしば、プロジェクトで成果を出しつつある有望な人材が離職している組織では、そうした人材に対するコミュニケーションが欠けています。また、経営者や組織のマネージャーは気にかけているつもり

でも、それが相手に伝わっていないケースがしばしばあります。

　特命プロジェクトを任命する意思決定者はその取り組みが異例なことであるため、その任命自体が相手を気にかけていることを示しているだろうと思っていたり、あえて細かく口を出さないことが信頼の証だと考えていたりすることがありますが、それが裏目に出てしまうのです。

　慣れないプロジェクトを任せられた人材は、不確実性に取り組む際の苦労やストレス、環境の不備、社内調整の苦労、納得のいかない評価に対する不満が大きくなりやすく、それらがモチベーションの低下の原因となります。それをカバーするための日々のコミュニケーションが欠けていると、組織への失望となってより自分自身の取り組みを理解してくれる環境を求めて離職してしまうのです。

　これは友人や家族、パートナーとの関係でも、具体的な不満があったとしても適切なコミュニケーションがあれば、関係性破綻の直接の理由になりにくいのと同じことです。

　経営層や管理職のポジションを務めていると、組織に関する重要な判断や日々のタスクや会議、トラブルの対処だけで1日が埋まってしまうことが多いでしょう。こうした状況では、優秀な人材ほど放置されることが多くなりがちです。

　もちろん中長期的には実績に応じた具体的な見返りを提供する必要がありますが、普段は週に10分や20分でも時間をとって、仕事の中身以外の相手の状況や悩みについて会話する時間をつくるだけでも、有望な人材が離職してしまう事態は減らすことができるでしょう。

コミュニケーション能力を鍛える

チーム・組織と信頼関係を構築するための考え方

　たとえ10人月程度の比較的小規模のプロジェクトであっても、費や
されるタスクが数百件にのぼることは珍しくありません。それらのタス
クが遂行される際に交わされるコミュニケーションの頻度や量、またプ
ロジェクトの先行きを左右するリスクやスコープ調整に関する重要な交
渉などを考慮すると、コミュニケーションの「質」が最終的なプロジェ
クトのアウトプットに影響するのは明らかでしょう。

　また、組織のカルチャー（企業文化）は日々のコミュニケーションに
よって伝達され形成されるため、この点でもコミュニケーションはきわ
めて重要です。

　しかし、プロジェクトの現場で適切なコミュニケーションの方法を教
えられる機会は少なく、またコミュニケーションのとり方は個人の経験
や規範に根づいているものでもあるため、面と向かって指摘しづらいの
が実情です。

　不適切なコミュニケーションはチームワークを阻害してプロジェクト
の効率性を下げるだけでなく、当人のキャリア構築にとっても大きなデ
メリットをもたらします。

　本章では、プロジェクトを円滑に進め、チームワークを醸成する際に
必要なコミュニケーションのエッセンスについてお話しします。

なぜ正しいコミュニケーションが
とれないのか

プロジェクトに適したコミュニケーションが
教育されない現状

コミュニケーションはプロジェクトにおいて非常に重要な要素ですが、適切な方法を教えられることは少なく、組織の慣習や個人の業務経験の中で見よう見まねで習得されることが一般的です。

接客業や営業職では顧客に対して失礼がないように研修などでコミュニケーションの作法が教えられますが、大きな予算や多くの人が動くプロジェクトで適切な教育が行われていないのは不思議なことです。

仕事におけるコミュニケーションのあり方について考えるとき、いつも思い出すエピソードがあります。ある経営コンサルタントの知人が地方の中小企業の社長から次のような相談を受けました。「自分は叩き上げで、いまではパワハラとされるような教育を受けたが、そこで耐えて実力を身につけ、独立することができた。会社を伸ばすために若い人を採用して育成しようとしても、パワハラと受け取られてすぐに辞められてしまうが、自分はそれ以外の方法を知らないから正しいコミュニケーションのとり方を教えてほしい」。

パワハラととられるような強引な育成方法やその中で行われるコミュニケーションはしばしば悪意をもって行われると思われていますが、実は適切な方法を知らないことで行われているケースもあるのです。

IT業界で独善的なコミュニケーションと
なりやすい事情

　プロジェクトにおける適切なコミュニケーションの方法を教えられる機会がないことで、「コーディングなどの専門的な仕事はできるが、コミュニケーションはアマチュアレベル」といった人材が多く見られる組織もあります。いくらプロジェクトに必要なスキルセットをもつ実行チームや組織のあり方を整えても、これでは継続的によい成果を生み出していくことは難しいでしょう。

　とくにIT業界では、次の4点の理由から働く人が「井の中の蛙」になって独善的なコミュニケーションが行われやすい事情があります。

- 組織の歴史が浅いために不適切なコミュニケーションがもたらすデメリットについて認識が浅い
- 専門的な技術知識（ソフトウェアエンジニアリングなど）の習得度は、個人の適性や学習スピードに依存する部分が大きく、業務経験の少ない若年者でも優秀であると評価されやすい
- 部署が小さかったり人手が不足していたりすることで、特定の専門領域について組織が一方的に個人に依存していることがある
- 接客業や営業職などと異なり、専門領域が細分化しているため「新人が上司のコミュニケーションのとり方を見て学ぶ」といった教え方をとりづらい

ブリリアント・ジャークにならない

┃ ブリリアント・ジャークとは何か

　序章でお話しした通り、日本では多くの IT 投資がシステム開発など
の委託という形で事業会社から IT 企業に発注されます。その際に事業
会社で常識となっているコミュニケーションレベルと IT 企業のコミュ
ニケーションレベルが大きくずれていることでトラブルが発生し、プロ
ジェクトがうまくいかなくなるケースもしばしばあります。通常、個人
でも家や車など高額の商品を買う際は相手の担当者に適切なコミュニ
ケーションレベルを期待するものですが、IT 業界では何千万円、何億円
のプロジェクトでもアマチュアレベルのコミュニケーションであること
がしばしばあります。このギャップがトラブルの元となるのです。

　コミュニケーション上のトラブルは、適切な教育の機会がないことや、
「そもそもどのようなコミュニケーションがプロジェクトで必要なのか」
が理解されていないために独善的な形で行われることで発生します。

　自身の専門領域について過剰な自信をもつことで独善的なコミュニ
ケーションを行う人物は、英語圏では「ブリリアント・ジャーク（Brilliant
Jerk：優秀だけれど嫌なやつ）」とよばれ問題視されるようになっています。

　本人がもっている能力とコミュニケーションのあり方によって、図
3-1 に示す通りの 4 つのタイプに分けることができます。この中で「ブ
リリアント・ジャーク」は組織への悪影響が大きいため、欧米ではそう
した人物を採用しない、あるいは排除の対象とする方針をもっている組

図3-1 技術力とコミュニケーションにより分かれる4つの人材タイプ
（出典：https://dandoadvisors.com/brilliant-jerks/より作図。和訳は筆者）

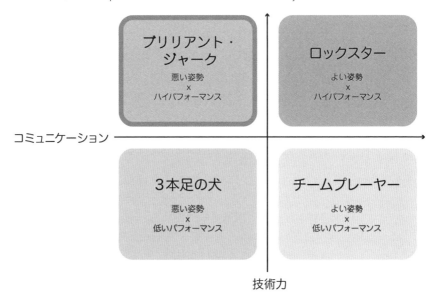

織もあるほどです。

　たとえば、Netflix社ではそうした考え方を採用ページで公表しています（出典：https://jobs.netflix.com/culture?lang=%E6%97%A5%E6%9C%AC%E8%AA%9E）。

┃　チームにも悪影響を及ぼす

　不適切なコミュニケーションがチームワークに与える悪影響について、オーストラリアのサウスウェールズ大学で組織行動学を研究するウィル・フェルプスの行った「腐ったリンゴ」とよばれる有名な実験があります（出典：ダニエル・コイル『THE CULTURE CODE』かんき出版、2018）。

　その実験では、44人のチームでチームに悪影響を与える3タイプの役

図3-2　ブリリアント・ジャークはチームのパフォーマンスを下げる

を演技力のある学生が演じ、チームのパフォーマンスにどのような影響を与えたかを調査しました。

　すると、「性格が悪い人（相手に対して攻撃的、反抗的な態度をとる人）」「怠け者（労力を出し惜しんで、仕事を一生懸命やらない人）」「周りを暗くする人（ネガティブで愚痴や文句ばかりいっている人）」の3つのタイプの「嫌なやつ」は、いずれもチームのパフォーマンスを30〜40%下げる結果となりました（図3-2）。

「ブリリアント・ジャーク」は当人が優秀なだけに注意されることが少なくなりがちですが、いくら個人として優秀でもチーム全体への悪影響を上回る成果を出すことは難しいでしょう。だからこそ、ブリリアント・ジャークを明確に拒絶する組織が現れているのです。

個人のキャリア設計のリスクにもなる

　私はこれまで数千人とプロジェクトを実施してきましたが、その中で「ブリリアント・ジャーク」に当てはまる人をたくさん見てきました。

　こうした人はチーム全体の効率性や生産性を低下させてしまうため、日本の組織でも問題視され、態度を改められなければ最終的にプロジェクトから外されたり、個人で完結する仕事しか与えられなくなります。

　組織がそうした対応をしなければ、周囲のモチベーションを大きく下げ、離脱者や休職者を出したり、退職者を出して組織の空洞化を生み出してしまったりするからです。BtoB のプロジェクトの場合は、発注者との関係性の悪化による契約解消の可能性もあるでしょう。

　昨今ではパワハラに対する意識も高まっているため、問題のあるコミュニケーションはその点でも組織上のリスクとして認識されやすいという点もあります。また、専門的な職種でも職歴が長くなると、若手の育成やプロジェクトもしくは組織のマネジメントなど、組織力への貢献の期待も大きくなりますが、「ブリリアント・ジャーク」にはそうした役割も与えられなくなります。

　つまり、不適切なコミュニケーションはチームワークを阻害し、プロジェクトの目標や目的を達成困難にする原因となるだけでなく、それを行う当人にとってもキャリア設計上の大きなリスクとなるのです。

コミュニケーションには
機能と目的がある

プロジェクトにかかわるすべての人にとって重要なこと

　プロジェクトマネージャーにとって重要なコミュニケーションの方法や姿勢については、前著『プロジェクトマネジメントの基本が全部わかる本』で詳述しました。

　プロジェクトマネージャーはつねにプロジェクトの成功のことを考え、リスクやトラブルに向き合い、誰を相手にしても上下関係をつくらずプロフェッショナルとしての態度をもって是々非々（よいことはよい、悪いことは悪い）でコミュニケーションを行う姿勢が求められます。こうすることで、チームメンバーや関係者から信頼を得てプロジェクトを進めることができるのです（図3-3）。

　本章では観点を変えて、プロジェクトにおいてコミュニケーションは何のために、どのように行われるべきかという目的と機能の観点から整理してお話しします。これはプロジェクトマネージャーだけでなく、プロジェクトにかかわるすべての人にとって必要となる観点です。

コミュニケーションの5つの機能と目的

　プロジェクトにおいてコミュニケーションが果たすべき機能と実施される目的は次の5点です。

- **目的・目標・計画の明確化と共有**（プロジェクトはなぜ始まり、何を目指し、何をいつまでに実現するか）
- **進捗確認と共有**（プロジェクトがいまどうなっているか）
- **発生した課題やトラブルの解決**（どんなトラブルや課題を誰がどうやって解決するか）
- **情報の共有**（今後プロジェクトに何がどのように影響しそうか）
- **チームの雰囲気の向上と維持**（適切なモチベーションのレベルを保てているか）

次節より順番に解説していきます。

図3-3　プロジェクトマネージャーは是々非々で議論

コミュニケーションの機能と目的1
目的・目標・計画の明確化と共有

| プロジェクトでは認識がずれやすい

　プロジェクトでは、多くの人が膨大な時間と専門的な知識、精神力を使って何百、何千ものタスクをこなしていきます。また、発生したトラブルの対処によってプロジェクトが停滞したり、計画の立て直しなどが発生してプロジェクトが達成すべき目標や目的が変更になることもあるでしょう。

　そうしたとき、プロジェクト開始当初はメンバーや関係者にとって自明のように思えた目的や目標がわからなくなることがあります。また、それぞれの個人はわかっているつもりでも、それぞれの間で認識がずれていくこともしばしばあります。

　多くの人々を束ね、さまざまなリスクやトラブルに対処しながら一つの方向に向かう際は、「プロジェクトがなぜ始まり、何を目指し、何をいつまでに実現するか」をつねに状況に応じてアップデートしながら共有していく必要があります。

　そして、プロジェクトで実施されるコミュニケーションはこれを踏まえたものであることが求められます。たとえば、チームで向かっている方針や目的に対して公然と批判的な態度をとったり、計画を無視して意見したり行動したりすれば、チームワークが阻害され、プロジェクトの方向性がブレてしまいます。

┃ 建設的なコミュニケーションが求められる

　もちろん、プロジェクトの目的や計画を見直すための批判はチームやプロジェクトの利益となりますが、それが必要とされる場やタイミングでこそ生きてきます。また、批判よりも提案が望ましいでしょう。

　たとえば、みんなで登山している間に不満や愚痴ばかりいっている人がいたら、一緒に登っている人は大きくモチベーションを削がれ、楽しめなくなるばかりでなく効率も下がるでしょう（図3-4）。ストレスが原因でけんかしたり、雰囲気が悪くなって「道を間違えた」や「天候が怪しい」などの新しいリスクに関する建設的な意見を自由にいえない状況になったりすると、遭難につながってしまうかもしれません。

　プロジェクトのコミュニケーションは、「プロジェクトの目的・目標・計画の明確化と共有」のために建設的に行われる必要があるのです。

図3-4　不満や愚痴はチームに危機をもたらすこともある

進捗確認と共有

┃ タスクマネジメントにおけるコミュニケーション

多くのメンバーや関係者が同時並行でタスクをこなしていくプロジェクトでは、「プロジェクトがいまどうなっているか、今後どうなっていきそうか」を正確に把握していく必要があります。この際に行われるコミュニケーションはタスクマネジメントが主な場となります。

タスクマネジメントでは、各メンバーが抱えているタスクの進捗や、タスクを遂行するにあたってどのような課題を解決しなければならないかを把握していくことが主な目的となりますが、このとき行われるコミュニケーションでは「率直さ」や「問題解決志向」が不可欠です。

プロジェクトを実施しているとき、タスクが想定より進んでいない状況はしばしば発生します。この際にタスクを担当する人が自身の進捗や置かれている状況を隠してしまったり、虚偽の報告をしてしまったりすると、現実を把握できなくなって、適切な対処の準備や実行が遅れてしまいます（図3-5）。これが繰り返されると、プロジェクトの目標達成が危機に陥ります。

┃ 100％正確な計画は存在しない

進捗を確認する側にタスクの担当者に対して進捗の遅れを責める態度や言動があると、担当者の隠蔽や虚偽の報告を促進してしまいます。プ

第3章

コミュニケーション能力を鍛える

ロジェクトの計画は情報が不十分な状態で立てるため、必然的に「100%正確な計画」は存在しません。

　プロジェクトを実行する際は計画通りには進まないものであるという認識をもって、誰かを責める他責思考ではなく、発生した遅れや進捗を阻害するトラブルをどうやってチームで解決するかという問題解決志向をもつことが鍵となります。

図3-5　トラブルや課題については率直なコミュニケーションが必要

コミュニケーションの機能と目的3
発生した課題やトラブルの解決

| 課題やトラブルは必ず発生する

　プロジェクトを進めるうえで、解決すべき課題や予測が困難なトラブルは必ず発生します。私がこれまで20年以上かかわってきたすべてのプロジェクトでも、トラブルがまったく発生しなかったものはありません。また、プロジェクトで発生したトラブルを放置していても、それが自然に解消することはまずありません。

　トラブルは発生から対処までの時間が短ければ短いほど「ボヤ」の段階で容易に解決できますが、放置して時間がたってしまうとプロジェクトの炎上や失敗につながるほどの悪影響をもたらすことがあります。

　たとえば、QCDの基準に関する発注者とベンダーのちょっとした認識のすれ違いが、プロジェクトを進める中で計画や予算の見直しの際に顕在化して、契約レベルでの大きなトラブルとなることはしばしばあります。

　プロジェクトでは、必ず課題やトラブルが発生するものと想定してコミュニケーションを行うことが必要です。この際も進捗に関するコミュニケーションと同様、率直さや問題解決志向が求められます。間違っても、課題やトラブルの原因を押しつけ合うようなことがあってはなりません。

コミュニケーションの機能と目的4
情報の共有

I 長い取り組みだからこそ適切に共有しておく

　プロジェクトは数か月から長いものでは何年もの長期にわたって行われます。その際、プロジェクトの外部環境の変化がプロジェクトに大きな影響を与えることがあります。

　たとえば、発注企業の意思決定者が交代になったり、発注企業のセキュリティポリシーが変更になったりすることで、プロジェクトのそれまでの進め方が大きく変わるケースがあります。こうした外部環境の変化はプロジェクト内部からはコントロールすることができませんが、プロジェクトの進行に大きな影響を与える可能性があるため、可能な限り速やかに共有される必要があります。

　そして、ただちには影響がなさそうなプロジェクトメンバーにも事前に伝えておくことで、後で影響が及びそうになった際に早期に対応ができるようになります。また、分け隔てなく情報が共有されることで「自分たちは同じチームなのだ」という実感を醸成することにもなります。

　情報が隠蔽される環境では、本当の意味での信頼関係やそれに基づくチームワークを構築することはできません。プロジェクトや話す相手には直接関係ないと思われる情報でも適切に共有することが重要です。

コミュニケーションの機能と目的5
チームの雰囲気の向上と維持

┃ 是々非々でいいあえることが理想

　プロジェクトではチームワークが不可欠です。タスクマネジメントでは、駅伝のたすきやリレー走のバトンのように異なるポジションの人にスムースにタスクをつないでいくことが肝となります。また、リスクや課題について議論する際は、それぞれがもつ専門的な見地から妥当だと思う情報や見解を是々非々のスタンスで寄せ合う必要があります。

　このときにチーム内で上下関係があったり、信頼関係ができておらず「空気」を読み合う状況になったり、自分ごととしてとらえず流してしまうようなメンバーがいたりすると、チームワークの質は向上しません。また、信頼関係が醸成されていない状況でチャットなどテキストのやりとりが多い場合は、お互いが相手の意図を勘ぐったり、送った側が意図しない悪いほうに相手が受け取ったりして、メンバー同士が疑心暗鬼になってしまうこともあります。

┃ アイスブレイクで緊張をほぐす

　専門性の異なるポジションにいるチームメンバー同士がお互いをプロフェッショナルとして認め、モチベーションを高くもってプロジェクトを実施するには、コミュニケーションが重要な役割を果たします。その際、「アイスブレイク」とよばれる会議の緊張感をほぐすテクニックが

図3-6 チームの潤滑油となるアイスブレイク

有効です。

ネットや書籍で調べてみると、アイスブレイクにはさまざまな方法があることがわかります。研修やセミナーなどでは集まる人々が初対面の場合に簡単なゲームなどを行って緊張をほぐすことがありますが、プロジェクトの日々の打合せではそうした大きな手間をかける必要はありません。「いかにもアイスブレイクをやっています」という雰囲気が出ると、身構えてしまう人もいるでしょう。

アイスブレイクで話すテーマはちょっとした時事ネタや天気の話など、当たり障りのないことで構いません（図3-6）。重要なのは「仕事と関係のない話」をすることです。これを打合せのたびに数分やるだけでも、チームメンバーがお互い仕事の歯車ではなく、それぞれが一人の人間としてプロジェクトにかかわっていることを認識できるようになるのです。

┃ アイスブレイクとはいえ配慮は必要

ただ、アイスブレイクのつもりが相手のふれてほしくないテーマにふれることで、かえって信頼関係が損なわれてしまうこともあるため、話

を振る側はできるだけプライベートの領域にはふれないようにしましょう。

　もちろん、天気の話が家族の話に変わっていくなど、話す側が自己開示することは問題ないため、プライベートの話が禁止というわけではありません。あくまでもアイスブレイクはチームワークの潤滑油ですので、話す内容に大きな意義を見出す必要はありません。

　相手が話すときの表情や声の抑揚で体調不良や何か悩みを抱えているのがわかることもあるでしょう。こうした個人が置かれた状況を察知することは、仕事のパフォーマンスに関する重要なヒントになることがあります。

　アイスブレイクをはさみながら、効率的なタスクマネジメントや生産的なディスカッションを行っていけば、自然とチームの中にお互いを尊敬するチームワークが生まれてより大きな効率性や生産性につなげることができます。リスクやトラブルの検知も早めることができるでしょう。

　アイスブレイクはちょっとしたテクニックのようでありながら、コミュニケーションの維持と向上において中長期的な観点で欠かせない技術だといえます。

「強い言葉」が物事を
よくすることはない

I 強い言葉が用いられる背景

　前述の通り、攻撃的な姿勢やネガティブな表現はチームワークを大き
く阻害します。しかし、プロジェクトでは各人がしばしば余裕がない状
況に置かれ、また、QCDのスコープに関するシビアな交渉も発生するこ
とがあります。

　この際に、自己の立場や所属する組織の都合から必要なメッセージを
伝えるために、「強い言葉」が用いられることがあります。

　たとえば、システム開発のプロジェクトで専門的な知見や強い危機感
から正しい判断を周囲に促すために強い言葉が用いられたり、社内調整
の不安から発注者がベンダーに対して高圧的な言葉を発することもあり
ます。強硬なコミュニケーションには一定の背景や必然性がありますが、
それがよい効果をもたらすことはほぼありません。

I チームワークや信頼関係を壊してしまう

　私の20年以上の経歴の中でも、強い言葉が状況を改善したプロジェ
クトは皆無です。むしろ、強い言葉は周囲を萎縮させ、必要なメッセー
ジの伝達を阻害するだけでなく、チームワークや信頼関係を破壊してプ
ロジェクトを崩壊へと導く可能性が非常に高いのです（図3-7）。

　いわゆる「軍隊式」とよばれるような指示や指導の仕方は、個人の行

動の効率性や試行回数を上げる際には一定の業務では効果があることもありますが、プロジェクトではまったく通用しないのが現実です。

キャリアや将来の取引にも悪影響を及ぼす

　強い言葉はプロジェクトの効率性や生産性を大きく低下させるだけでなく、「あの人は怒鳴る」や「あの企業は何でも上からものをいってくる」などの評判が出回るようになると、個人のキャリアや組織の将来の取引にも影響する可能性があります。

　そうした評判は組織内やベンダー、フリーランスの間ですぐに共有されるのがいまの世の中です。とくに経験豊富で優秀なプロジェクトマネージャーは強い言葉がプロジェクトをよくしないことを経験として知っているため、それが許容されている組織にはかかわらないようにするでしょう。

図3-7　強い言葉は信頼関係を壊してしまう

有名で大きな企業であるにもかかわらず、強硬なコミュニケーションを組織内で許容していることでよいパートナーを得られない組織は実はたくさんあります。

┃ アンガーマネジメントの習得や人員変更で対応

　感情や強い言葉に頼るコミュニケーションは、それを行う側の情動的な問題や余裕のなさ、組織のモラルの低さを示しています。

　もし自分自身がそれを行いそうになってしまった場合は、アンガーマネジメント（怒りの感情をコントロールする技術）を習得して、後述する適切なコミュニケーションを行うようにしましょう。自分自身が抱えているプレッシャーや危機感は、その背景や事情を冷静に説明するだけで十分相手に伝わります。

　そうした労力を割いても相手に意図が伝わらない場合は、上長や意思決定者に報告・相談して、メンバーを交代したり相手の担当者を変更したりするように働きかけるなど、組織として対応するしかありません。この際に根拠となるのは契約やプロジェクトで共有されたドキュメントです。ここでも強い言葉は必要ありません。

　私も自身の余裕のなさや相手の誠意のない言動で何度も感情的になりそうになって何とかそれを抑えたことがありますが、その相手が後でプロジェクトを窮地から救ってくれたり、何年もたってから新しい発注者のキーパーソンとして出てきたりしたことがあります。そのたびに「あのとき、感情的にならなくてよかった」と胸をなでおろしました。

　強い言葉がプロジェクトをよくすることはありません。強硬なコミュニケーションはチームワークを破壊し、プロジェクトを危機的な状態に

追い込むだけでなく、自分自身の将来的なキャリアや組織の社会的な評判を毀損する可能性のある、非常にネガティブな影響をもたらす行為です。

　まず自分自身がそれを使わないようにすること、さらに組織で横行しないようにすることがプロジェクトの成功率を高めるうえで不可欠です。

エビデンスとファクトで
冷静かつ論理的に話す

｜ コミュニケーション上手である必要はない

プロジェクトにおいて「よいコミュニケーション」とは何でしょうか。人々に聞いてみると、「饒舌なコミュニケーション」「活発な発言」「機転の利いた返答」「豊富なボキャブラリー」といった答えが返ってきます。確かに、社会でこれらが求められるシーンは多いでしょう。

また、コミュニケーションについては多くの人が苦手意識をもっています。とくに内向的な人はこの傾向が強く、それはコミュニケーション上手なイメージの通りに自分は話せないと考えていることがその理由でしょう。

しかし、プロジェクトで求められるコミュニケーションは、「コミュ

図3-8　エビデンスとファクトに基づいた冷静なコミュニケーションで十分

ニケーション上手」である必要はありません。前述したプロジェクトで
コミュニケーションに求められる機能と目的に沿って、エビデンス（客
観的な根拠）とファクト（事実）に基づいて冷静かつ論理的に相手に説明す
るだけで、十分によいコミュニケーションといえるからです（図3-8）。

　むしろ饒舌さや巧みな表現は、話す相手に過剰な期待や間違ったメッ
セージを伝えてしまう可能性もあるため、プロジェクトにおいては適切
な情報や認識の共有を阻害する可能性すらあります。

｜　タイミングを見極める

　コミュニケーションの良し悪しはタイミングにも大きく依存します。
しばしば、その場の雰囲気や相手との関係性からプロジェクト全体やタ
スクに関して安請け合いしたり、甘い見通しを話してしまったりするこ
とがありますが、これはプロジェクトの適切な進行にとってマイナスに
なる可能性が高いといえます。

　たとえば、要件定義中に正確な要件がそろっていない段階で詳細見積
りを出してほしいといわれたときに、発注者の機嫌を損なわないように
するために甘い見積りを出してしまうことがあります。しかし、これは
後でプロジェクトのスコープ調整を困難にするため、決してやってはい
けないことです。エビデンスとファクトに基づくロジックがあって初め
て適切なコミュニケーションとして成立するため、「いつ何を誰に話す
か」はきわめて重要な要素となります。

「信用ポイント」を貯める

┃ 信用がないとチームワークが成立しない

　プロジェクトでは適切なコミュニケーションがチームワークを醸成し、効率性と生産性を高めて成功へと導きます。鍵となるのは、やはりリーダーとなるプロジェクトマネージャーの姿勢や振る舞いです。

　プロジェクトマネージャーがどのように振る舞うかによってチームや関係者の行動がおのずと変わり、その影響はプロジェクト全体のモラルや組織のカルチャーへと波及していきます。

　異動や転職、フリーランスなどで新しい環境にプロジェクトマネージャーとして参画する場合などは、周囲がどのような人物かを見極めようとしてくるでしょう。新しくチームに来たプロジェクトマネージャーが信用できないとわかった場合、自分自身が炎上や失敗に大きく巻き込

図3-9　信用ポイントを貯めていく

まれないようにする必要があるからです。

　チームや組織への影響力、取り組むプロジェクトの立ち上げスピードの観点から、新しい組織やチームに参画した場合は周囲に早期に信用してもらう必要があります。プロジェクトマネージャーが信用されていない環境では、チームワークが成立しない可能性が高いからです。

I　信用ポイントとは何か

　新しい環境で周囲から「この人とうまくやっていけそう」と思ってもらうには、「信用ポイント」という考え方が有用です。これは私が頻繁に新しいプロジェクトや組織にかかわる経歴の中で自然と考え出したものですが、シニアクラスのプロジェクトマネージャーと会話していると、同様の考え方をもっている人がいることに気づきます。

　信用ポイントの考え方はシンプルです。信用される行動をすれば少しずつ信用ポイントが蓄積され、信用を損なう行動をしたり、相手に迷惑をかける結果を出してしまうと、蓄積した信用ポイントが引かれていくイメージです（図3-9）。

　プロジェクトマネージャーの信用ポイントが高い場合は周囲のモチベーションも上がりやすく、よいチームワークが醸成される可能性が高まりますが、逆に信用ポイントが低い場合やマイナスになっている場合は、チームワークは醸成されずいわれたことしかやらない人が増えたり、「ついていけない」と思われてチームメンバーが離脱したりする可能性があります。

「信用ポイント」が貯まる4つの観点

▌ 行動の細かい点を見られている

　早期に周囲から信用してもらって信用ポイントを貯めるには、とくに有能であることを見せつける必要はありません。誰でも知っているような、きわめて基本的な当たり前のことをちゃんと実行することで十分です。

　人は相手が信用できるかを見るとき、行動の細かい点を注視します。次に挙げる4つの項目は、人がとくによく見る観点です。これらは当たり前のことでありながら、いつも気をつけていないと実行できないという意味で、守り続けるのが非常に難しいことでもあります。

- 時間を守る
- 細かい約束を守る
- 自分の手を動かす
- 細かいミスを減らす

▌ 時間を守る

　プロジェクトでは時間はきわめて重要なリソースです。また、1日24時間という制約は誰にでも平等なものであり、これをどのように使うかは誰にとっても本質的な課題です。

プロジェクトマネージャーは少なくとも業務時間中は時間の使い方を
コントロールできる立場にあるため、自分自身がそれを守らなかったり、
あるいは他人の時間を無遠慮に使ったりするようなことがあれば、信用
されません。

　たとえば、プロジェクトマネージャーが主催している打合せに本人が
来ずに周囲を待たせたり、タスクの締切がタイトであるにもかかわらず
無用な打合せを多く設定したり、事前の予告や配慮なく残業などを指示
してプライベートの時間を奪ったりするようなことがあれば、権力を笠
に着ている人物だと思われて信用されないでしょう。

　逆に、プロジェクトマネージャーが必ず打合せの開始時間にいて、
ちょっとしたアイスブレイクをしたり、話し合うテーマがない場合は打
合せを早めに切り上げたり、またメンバーの家庭の事情などに配慮して
タスクの締切や打合せ日程の調整を行ったりすれば、信用ポイントは貯
まっていくでしょう。

　もちろん、プロジェクトマネージャーは多忙であることが多いため、
打合せが長引いてメンバーや関係者を待たせてしまうことがあるかもし
れません。そうした場合は必ず連絡して遅れることを知らせるだけでも、
待たされている人のストレスを軽減することができます。

I　細かい約束を守る

　プロジェクトマネージャーはメンバーや関係者に約束を守らせる責務
があります。もちろん、妥当な計画やコミュニケーションは必要ですが、
タスクをアサインしたり関係各所に調整を行ったりしてプロジェクトを
円滑に進めていくには、相手に約束を守ってもらわなければなりません。

しかし、プロジェクトマネージャー自身が周囲に対して行った約束を履行しない場合は、メンバーや関係者の間に約束を守らなくてよいという認識が広まる可能性があります。これもプロジェクトの効率性や生産性を大きく損なって、成功率を下げることになるでしょう。

自分が交わした約束は細かいものでもちゃんと守ることが肝心です。もちろん、さまざまな事情によって履行できないことはありますが、その際は自分がタスクマネジメントで相手に確認するように、背景や今後の進め方について説明する必要があるでしょう。

▌ 自分の手を動かす

プロジェクトマネージャーは多くの人にタスクを分配し、それをマネジメントしていく役割を果たします。しかし、稀に「自分は指示をするだけでよく、手を動かさなくてよい」と考えている人がいます。こうした人は、とくに職人気質のメンバーからは信用されません。

プロジェクトのタスクを実施するのはそれぞれの専門性をもつ人でも、その結果を取りまとめたり、関係各所に報告したりするのはプロジェクトマネージャーがやらなければなりません。その部分まで人に任せてしまうと、周囲からは「この人は高い報酬をもらっているのに何をやっているんだろう」と思われてしまうでしょう。

複雑化する昨今のプロジェクトでは、高い専門性が問われるケースが非常に増えています。その専門性を担うメンバーに信用してもらうためにも、プロジェクトマネージャーとして必要な作業については自分自身で手を動かしていくことが大事です。

細かいミスを減らす

　自分で手を動かす際に注意すべき点は、細かいミスを減らすことです。他の人がタスクを実施して出したアウトプットをマネジメントする立場にいるプロジェクトマネージャーは、レビューなどで他人の仕事に口を出さなければならないことがしばしばあります。

　その際、プロジェクトマネージャー自身のアウトプットに細かいミスがたくさんあったり、自分のミスについて他者へのレビューよりも甘い対応を行ったりしてしまうと、信用を失うでしょう。

　細かいミスを減らすには、自分自身のアウトプットに対してもちゃんとレビューを行うことです。メールや資料の誤字や脱字、数字の単位ミスなど、一度見直せばわかるものについてミスが多いと「この人は大丈夫かな」と仕事の精度を疑われてしまうでしょう。

人間的でもよい

　人は相手を信用できるかどうかを観察する場合は、行動の細かい点を見ます。これまで挙げた点は当たり前のことでありながら、実行しようとすると、多忙な状況でつねに実現するのはきわめて難しいことに気づくでしょう。

　しかし、当然ながらリーダーはいつも完璧である必要はありません。もし、仮にすべての点について完璧なリーダーがいたとしたら、チームメンバーは強いプレッシャーを感じてギクシャクしてしまい、かえってチームワークが損なわれるかもしれません。

普段は細かい当たり前のことについて実行しようという姿勢を見せていれば、つねに100%それが実現できていなくてもチームメンバーはきっと許容してくれるでしょう。また、そうした人間的なところを見せることができればメンバーは安心して、かえってチームの結束は強まるかもしれません。

　ただ、これに甘えすぎると徐々に信用ポイントは減っていき、そのうち愛想を尽かされる可能性もあるので、やはりできる範囲で信用ポイントを貯めていくことを心がけるとよいでしょう。

信用ポイントで不測の事態を乗り切る

　信用ポイントはプロジェクトで大きなトラブルが発生したり、シビアな交渉を行う際にもきわめて重要な役割を果たします。

　トラブルが発生して余裕のない状況で解決策に取り組んでいる際に、意思決定者から信用されてその対応を任せてもらえるか、あるいはプロジェクトの途中で追加予算やスケジュール変更が発生した際に、その意図や内容をプロジェクトにとって必要なものだと信じてもらえるかは、それまでの行動で「信用ポイントの残高」がいくら貯まっているかによるのです。

　信用ポイントはもちろん目には見えませんが、これを意識すると驚くほど早く信頼関係を構築したり、トラブルやシビアな交渉に対応できたりするようになります。

　ぜひ、この考え方を頭の片隅においてプロジェクトに取り組んでみてください。

新しい会社にプロジェクトマネージャーとして入社しましたが、コミュニケーションスタイルの違いに困惑しています

Q 転職して新しい会社にプロジェクトマネージャーとして入社しましたが、あまり堅いコミュニケーションをできない企業文化で困惑しています。こんなときはどうすればいいでしょうか?

A 本章でお話しした通り、プロジェクトを実行する際はコミュニケーションやそれがもたらす企業文化がきわめて重要な役割を果たします。

乱暴なコミュニケーションの有害性は自明ですが、いわゆる「ゆるいコミュニケーション」は一見無害なように見えて、実際はコミュニケーションで働きかける側の甘えや責任の曖昧さを含みやすく、それが大きくプロジェクトの効率性や生産性を大きく阻害する原因となります。

しかし、適切なコミュニケーションが成立していない環境でプロジェクトを実行しなければならないこともあるでしょう。とくにスタートアップとよばれる設立間もない組織や適切なコミュニケーションの必要性を経験から学んでいない若い世代が多い組織、事業が利益を上げているために効率性や生産性についてあまり危機感がない組織がそうした環境に該当することがあります。

このような環境で適切なコミュニケーションや文化を確保するために個人でできる対応としては、次のものがあります。

- 自分自身は周囲に流されず適切なコミュニケーションを行う
- プロジェクト内でコミュニケーションのガイドラインを作成する
- 意思決定者に働きかける

　まずすぐにできる対応としては、周囲がゆるいコミュニケーションを行っていても、自分自身はそれに流されずに礼節を踏まえた公平かつ対等なコミュニケーションをつねに行うように心がけることです。

　人はつねに相手を見てコミュニケーションを行っているため、組織としてはゆるいコミュニケーションが一般的でも、「このプロジェクトでは適切なコミュニケーションを行って目的や目標を達成しよう」という意志をリーダーとなる人物が示していれば、それが自然と広まることがあります。

　「郷に入っては郷に従え」と、周囲に合わせてゆるいコミュニケーションを行ってしまうと、プロジェクトの成功率に影響するだけでなく、その遂行の責任を問われる可能性があるため、注意が必要です。

　また、ゆるいコミュニケーションの環境では適切なコミュニケーションで必要とされる技術や経験を積むことができなくなるため、その点でもキャリア上の損失となる可能性があります。

　次にできることは、ガイドラインを作成してプロジェクト内のローカルルールを決めることです。冗長な挨拶や過剰に肩書に配慮した堅すぎるコミュニケーションは慇懃無礼となってかえってプロジェクトの効率性や生産性を阻害しますが、年齢や立場にかかわらず敬語で会話するなどの敬意を踏まえたコミュニケーションのルールはメンバー

の意識を高め、プロジェクトの成功率を高めます。

　しばしば、若年者や経験の浅いメンバーに対して雑なコミュニケーションを行ったり、身内感を出すためにゆるいコミュニケーションを行おうとするケースがあります。しかし、これは相手にプロフェッショナルとしての意識を与えず、適切な役割を果たそうとするモチベーションにつながらないことがあるため、避けるのが賢明です。

　どこまで踏み込んでガイドライン化するかはメンバーや関係者の認識によりますが、コミュニケーションや組織文化に課題があると感じたら、できるだけ早期に「このプロジェクトではこうしたいと思います」と提案する形でガイドラインを作成するとよいでしょう。

　たとえば、特定のメンバーに問題があることを認識してからそうしたガイドラインを作成すると、「狙い撃ち」にした形に受け取られて個人間のトラブルとして認識されてしまいます。あくまでも、「プロジェクトのために」という形で作成し共有することが重要です。

　これらの努力を行っても改善が見られない場合は、意思決定者に働きかけることも一手です。コミュニケーションや企業文化については、意思決定者が課題を感じていても、それが主観的な好みの問題なのか、改善すべき組織上の課題なのかの判断がついておらず悩んでいることがしばしばあるからです。

　意思決定者自身がゆるいコミュニケーションを行っている場合は、いくらプロジェクトで適切なコミュニケーションを広めようとしても限界があるため、相手の許容度によっては直接いさめるのも効果がある場合があります。

若い経営者など、ゆるいコミュニケーションを行っている人が適切なコミュニケーションの必要性を感じていても、「何が正しいか」を知らないことで変えられないことは多いからです。

　もしこれらの努力を実施しても改善が見られない場合、「ぬるま湯」となって短期的には居心地がよくても、適切なコミュニケーションのスキルを磨くことができなかったり、それによってプロジェクトの成功体験を積めなかったりするため、中長期的なキャリアとして考えた場合は適切な環境でない可能性が高いでしょう。そう判断した場合は新しい環境を選択することも有効な選択肢となります。

第 4 章

リーダーシップを
鍛える

長期にわたって自身のメンタルを
維持するための考え方

　本章では、リーダーシップとメンタルの維持についてお話しします。長期にわたってチームで多くのタスクをこなし、不確実性をコントロールし、トラブルに対処していくプロジェクトでは、人々をまとめていくリーダーシップと自身やチームのメンタルの維持はきわめて重要な要素です。

　これらに対するメタ認知をどのようにもっているかで、プロジェクトの成功率やキャリア設計のあり方は大きく変わるでしょう。本章では、こうしたプロジェクトに関する心理的な側面についてお話しします。

プロジェクトにおける
リーダーシップとは

1　プロジェクトに適したコミュニケーションがある

「リーダーシップ」という言葉を聞くと、身構えてしまう人が多いのではないでしょうか。ハリウッドの映画やドラマではリーダーシップを発揮するヒーロー像がしばしば描かれますが、日本で作成されるコンテンツの多くはそうではありません。

　日本でも漫画ではヒーロー像が描かれますが、あくまでファンタジーの世界で特殊な能力とセットであることが通常でしょう。

　こうした社会的背景から、リーダーシップをカリスマ的な生まれつきの特殊な性質のようにとらえている人も多くいます。つまり、「すごい人」でないと備わっていないものだという考え方です。

　では、リーダーシップとは何でしょうか。たとえば Amazon で「リーダーシップ」と検索すると、たくさんの書籍が出てきます。そのことからもわかる通り、リーダーシップ研究の歴史は古く、論者によって多くの議論や定義が行われてきたのです。

　リーダーシップは国家、企業、軍隊、学校の部活動、大学や趣味のサークル活動など、集団の規模や置かれた状況で求められるものが大きく異なります。時代によってもそのあり方は大きく変わります。

　歴史書に描かれたリーダーたちの活躍を参考にしようとしても、社会環境や置かれた状況の違いが大きく、理想像として心理的なモチベーションにはつながっても、直接日々の仕事の参考にはなりにくいでしょう。

プロジェクトにおけるリーダーシップは明確

「リーダーシップとは何か」を考えたり調べたりしていると、とらえどころがなく、かえってわからなくなってしまいますが、実はプロジェクトにおけるリーダーシップはそうしたものではありません。

プロジェクトにおけるリーダーシップは必要とされる役割が明確なため、それを理解することができれば、日々の努力と工夫次第で誰にでも習得できるものなのです。特殊な能力や生まれつきのカリスマは必要ありません（図4-1）。

プロジェクトにおけるリーダーシップを一言で表現すると、「人の意見や情報を取りまとめて、効率的かつ合理的に、より最適な方針を立てること」です。この役割は具体的にどのようなものか、どのようにすれば身につけられるのかについて説明していきます。

図4-1 実務的なリーダーシップが理想的

リーダーが果たすべき役割

取りまとめて効率的かつ合理的に最適方針を立てる

たとえば、発注者の委託に基づいてベンダーが実施する業務システム開発のプロジェクトでは、まず発注者からプロジェクトの目的や前提条件をヒアリングし、プロジェクト計画を立て、達成すべきQCDの基準について合意を形成してプロジェクトを開始します。プロジェクトが開始されると、発注者と相談しながら要件定義を行い、プロジェクトで具体的に何を実現すべきかを決めていきます。

要件定義は設計や実装、テスト、リリースといったその後のフェーズの方針を決めるプロジェクトの骨格となりますが、プロジェクトによっては数か月から半年程度でこなさなければならないこともしばしばあります。

この要件定義を日本企業で行われている一般的な意思決定プロセスである社内調整や稟議などで行うと、とても時間が足りません。そうした余裕のない状況で最適な計画や要件を形づくっていく際、リーダーに求められる役割が「人の意見や情報を取りまとめて、効率的かつ合理的に、より最適な方針を立てること」です。

不明確なものを具体的なものへと転換していく

業務システム開発のプロジェクトの開始当初は、わかっていることが

少なく、発注者の組織で本当に求められているシステムがどのようなものかはおぼろげにしかわからない状態です。この時点では、システムが備えるべき要件は無数の可能性があります。

　しかし、発注企業の業務フローがどのようになっているか、どのような組織を目指すか、どれくらいの人数がどれくらいの頻度で利用するか、利用する環境がどのようなものか（PCかモバイルか）、業務であつかうデータがどのようなものか、すでにあるシステムとの連携はどのようになっているかなどの情報を取りまとめていくと、おのずと開発するシステムがどのような機能や性能をもっているべきかが要件として決まっていきます。

　通常はそれらの情報は分散していたり、また調査しないとわからない情報もたくさんあるため、「何を決めるためにどのような情報を集めないといけないのか」「必要な情報が集まったときに合理的に考えられる最適な選択肢は何か」といったことを俯瞰して考える人が必要となります。

　これがプロジェクトで求められるリーダーシップであり、プロジェクトマネージャーが果たすべき役割なのです。こうして、プロジェクトが進む方針における重要な判断についての決定が下されて、不確実だった物事が具体的なものへと転換されると、必要なシステムが決まります。

｜　要件変更や追加要件のリスクへの対処

　プロジェクトを進めている最中は、さまざまなリスクがトラブルとして顕在化してプロジェクトを停滞させたり、混乱状態をもたらしたりします。発生したトラブルに対処するには、プロジェクトチーム全体での

対応やプロジェクトをバックアップする組織の支援が必要です。

　たとえば、業務システム開発のプロジェクトでは経営層や関連部署の要求で要件変更や追加要件が発生することはしばしばあります。

　これはプロジェクトが達成すべきQCDの観点でいうと、プロジェクトのリスクにあたります。要件変更や追加要件の影響度が想定されているレベルを超えると、QCDに大きな影響を与え、炎上やプロジェクトの失敗へとつながるでしょう。

　こうした要件変更や追加要件のリスクに対処する際は、それらが与える技術的な影響を調査したり、その対応にどれくらいの工数がかかるかを検討したり、すでに決まっている要件や仕様との整合性を確認したりする必要があります。

　これはリーダーが一人でできることではありません。また、それらの判断材料が出そろった後は、合理的に計画変更の選択肢としてどんなパターンがありうるかを検討し、プロジェクトの意思決定層に対してQCDのスコープをどのように調整するかを相談する必要があります。

❘　予測が難しいトラブルへの対処

　プロジェクトを進めている中では、たとえば重要なメンバーがプロジェクトから離任してしまったり、技術上の調査が不十分でシステムが重大なエラーを起こしたりするなどの事前に予測が難しいトラブルに遭遇することもあります。

　こうしたトラブルはいかに予兆を事前に検知するかや、実際に発生した際にいかに早く状況を把握し原因を特定するかがその後のプロジェクトの成否を大きく左右します。ほとんどの場合、トラブルの予兆やそれ

が発生した際の状況把握や原因の特定などの情報はプロジェクトのチームメンバーからもたらされます。

　また、トラブルに対処する際はプロジェクトをバックアップする組織への支援や協力の依頼、意思決定者に対する対応方針の決定依頼や確認が必要となるでしょう（図4-2）。

　つまり、トラブルを事前に防いだり、発生した際に影響範囲を最小限に抑えて対処したりする際は「人」との関係性がきわめて重要な要素となるのです。これを適切に取りまとめておくのも、プロジェクトのリーダーに求められる役割です。

図4-2　予測が難しいトラブルの対処はリーダーシップの見せどころ

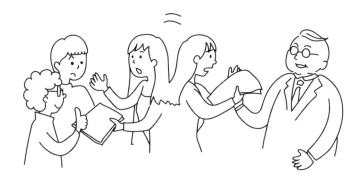

適切なリーダー像をもつ

自然とリーダーになっていく

　本章でお話ししてきた通り、プロジェクトで求められるリーダーシップは超人的な能力や生まれつき備わっているカリスマから来るものではなく、きわめて実務的な観点で求められる役割です。

　それをつねに実行するのは決して容易なことではありませんが、こうした役割を果たそうと取り組んでいると、周囲の人は自然とリーダーとして見なしてくれるようになります。

　プロジェクトで求められるリーダーシップを日々実行していく際には、そのリーダー像のイメージも重要です。前述の通り、日本では「現実的なリーダー像」があまり共有されていないという現状があります。

　トップダウンで大きく組織の方針や仕組みが変わる欧米と異なり、日本では組織が上意下達の仕組みになっていながら、組織の方針立案は各部署を統括している中間管理職が互いに空気を読みつつ社内調整によってボトムアップで行っている、という組織も多いでしょう。こうした環境では、個人がチームの方針を指し示す現実的なリーダー像について明確なイメージをもつことは困難です。

リーダーシップと権力を混同してしまうリスク

　そうした環境ではリーダーシップと権力を混同してしまうこともある

でしょう。この根底には、リーダーシップは「指示や命令によって人にいうことを聞かせること」だという勘違いがあります。

　しかし、不確実性をコントロールする取り組みであるプロジェクトでは、つねにリーダーが正解をもっているとは限りません。強権的なトップダウン型のやり方ではメンバーがもっている情報をうまく吸い上げることができないため、状況の変化やリスクの機微にうまく適応できません。

　さらに、リーダーシップと権力を混同することで、現場にいたときと管理職になってからでいうことがまったく変わってしまう人もいます。管理職になると意思決定層のメッセージを現場に伝える必要があったり、部下に対して自分の意にそぐわない命令を下さなければならないこともあるでしょう。

　しかし、立場が変わることによって急にいうことが変わってしまうと、一緒に働いてきたメンバーに「権力側の人」だと認識されて本質的な意味での信頼関係を失います。

メンバーとの信頼関係を維持する

　メンバーとの信頼関係を維持するには、「立場上いわなければならないこと、やらなければならないことはあるにせよ、それは役割として実行しているのだ」ということを理解してもらう必要があるでしょう。それは肩書を笠に着て仕事をしていてはできないことです。

　プロジェクトのリーダーは、目線をプロジェクトの全体像を見渡すために高くもちながらも、物事やリスクに対して謙虚であり、周囲の人々と適切な信頼関係を構築できる公平で率直な姿勢をもつことが求められ

ます（図4-3）。

　このイメージは理想的に聞こえて、現実とのギャップにたじろいでしまうかもしれませんが、つねに100%イメージを体現していないといけないということではありません。

　これに近づくための努力をしていることが周囲に伝われば、リーダーとしてその役割を十分果たそうとしているといえるでしょう。

図4-3　メンバーからの信頼を集める

「リーダーの孤独」に対処する

I　孤独に陥りやすいプロジェクトマネージャー

　プロジェクトで必要なリーダーシップを理解し、日々の仕事でその役割を果たそうと努力していると、おそらくどこかのタイミングで強い孤独感を抱くようになるでしょう。

　それは、かつて自分が既存事業の担当者やプロジェクトのメンバーだった頃と違い、自分のタスク以外にもプロジェクト全体を見渡して判断しなければならないという視座の違いができて、他のメンバーと同じ目線で仕事ができなくなってしまうためです。

　日本ではプロジェクトマネジメントを行う人がまだ少なく、職種として孤立しやすいという事情もあります。組織のマネジメントを担う管理職は一定の規模を超えた企業では複数いることが多く、そうした環境では、抱えている悩みを共有したり、お互いが置かれた状況について配慮したりすることができます。

　しかし、所属する組織にプロジェクトが十分に組み込まれていない場合は、大企業でもプロジェクトマネジメントを行う人が周囲に自分一人しかいない、というケースは珍しくありません。そうした環境では管理職とは異なる役割を果たすことになるため、周囲と自分が抱えている悩みを共有することができません。

　さらに、第2章でお話ししたような「組織のマネジメント」と「プロジェクトのマネジメント」の切り分けができていない組織では、利害が

対立し管理職と衝突してしまう可能性すらあります。

┃ 孤独感がストレスにつながる

　プロジェクトはそれぞれ実施する目的や内容によって性質が異なり、またマネジメントの経験レベルによっても抱える悩みが大きく異なるため、周囲にプロジェクトマネージャーが他にいても、悩みを共有できる機会は多くないかもしれません。第1章でお話しした不安のコントロールを行う立場からも、周囲には「弱み」を見せられないという事情もあるでしょう。

　プロジェクトで果たすべきリーダーシップを実現することで抱えてしまう孤独感は、個人の性格や置かれた環境によってはかなり強いものとなり、仕事をするうえで大きな心理的ストレスとなる可能性があります。しばしば、プロジェクトでの経験を積んで組織の中で有望株と見なされている若手が「燃え尽き症候群」になることがあります（図4-4）。

　私がこれまでプロジェクトを実施する中でかかわってきた組織でも、成長中の若手のプロジェクトマネージャーが心理的に大きなダメージを抱えて挫折したり、他の環境を求めて転職してしまったりするケースは頻繁に見かけました。

　もしその人がベンダーで大きなプロジェクトを担当していたり、事業会社で新規事業やDX（業務改革・組織改革）などの重要なプロジェクトを担当していた場合、キーパーソンを失ってしまうことになります。リーダーの孤独感をサポートできない場合は、組織の事業戦略にも大きな影響を与えてしまう可能性があるでしょう。

図4-4　孤立して燃え尽きないような対策が必要

　プロジェクトにおけるリーダーシップがもたらす孤独感に対処するには、次の3点が有効な対策として挙げられます。

- 孤独感に対する覚悟を決める
- 「横のつながり」をつくる
- メンターを探す

　次節より順番に解説していきます。

孤独感に対する覚悟を決める

┃ リーダーはそもそも孤独な存在

　しばしばいわれるように、リーダーは孤独なものです。それは、リーダーが寄せられる情報や意見を集約してチームや組織の方針について判断を行うという役割を担っていることによるもので、本質的に回避することができません。

　日本は平等性や公平性の意識が高く、また前述した通り世の中に現実的なリーダー像が普及していないため、「リーダーになる」ことをなかなかイメージできないのが一般的ですが、まずはリーダーとはそういうものだと理解することが認識の土台となります。

　プロジェクトマネジメントを行っていて、強い孤独感や大量のタスク、予測できなかったトラブルなどに見舞われていると「割に合わない」と感じることもあるでしょう。上からいわれたことをやるだけでも組織からの評価や報酬が変わらないのであれば、そう感じるのは仕方ないことかもしれません。

┃ リーダーの孤独を理解してくれる環境は貴重

　しかし、人間が集団で生きる生物である以上、誰かがリーダーをやらなければなりません。そして、リーダーも経験が必要とされる役割であるため、続けていればきっとそれを評価してくれる人や組織が現れるで

しょう。

　そのうえで第5章でお話しするように、リーダーの孤独を理解してくれる環境を選択していくことは、プロジェクトをキャリアとして選ぶうえで必要不可欠なことといえます。

┃　役割を果たし、覚悟を決める

「リーダーは本質的に孤独なものである」という事実を受け入れて覚悟を決めると、次第に孤独感に慣れていくとともに、気づくことがあるでしょう。プロジェクトを進める中で、チームメンバーや関係者が一生懸命協力してくれるのを改めて認識できると、「孤独」に対する感覚はきっと変わるはずです。

　確かにリーダーは孤独なものですが、プロジェクトで適切な役割を果たしていると、周囲は協力してくれます。それを理解できれば、孤独感や報われない気持ちは消えていくのです。

　人がリーダーになるとき、まずは役割を認識してそれを日々の努力で果たすことが最初のステップとなりますが、孤独感に対する覚悟を決めることが次のステップとなるのです。

孤独感への対策2
「横のつながり」をつくる

自分と似た境遇の人を探す

　リーダーは自分が所属する集団では孤独です。しかし、世の中には
リーダーはたくさんいます。同じ立場の人は抱える悩みや不安、孤独感
が似通っていることが多いため、「横のつながり」をもつことで、それ
らを共有し、お互いに共感を得て孤独感を癒やすことができるでしょう。
「横のつながり」をつくる方法はいくつかあります。もっとも機会が多
いのは実は普段の仕事です。プロジェクトの発注企業の担当者が同じよ
うな境遇にいたり、自社で同じ職種の人と気が合ったりして、長く個人
的な関係が続いていくことはしばしばあります。普段の仕事ではお互い
役割を果たすことに専念しているため、似た境遇の人を食事に誘ってみ
たりすると、新しい関係をつくるよい機会となるかもしれません。

連帯感が原動力になる

　しかし、ルーチンワーク型の事業で横並び意識の強い組織に所属して
いると、そうした機会はあまりないかもしれません。また、組織のカル
チャーとして同じ職種でもあまり周囲に「弱み」を見せない競争的な環
境になっていることもあるでしょう。そうした場合は、ネットで募集さ
れているイベントやSNSで気が合いそうな人を探してみるのもよいで
しょう。

ネットのイベントは、手づくり感のあるものを選ぶのがポイントです。「人脈づくり」を看板に掲げている異業種交流会などは自分自身やビジネスを売り込みに来ている人が多く、「横のつながり」づくりには向いていないかもしれません。仲間を見つけるつもりが、相手の自慢話に付き合うことになって、かえってげんなりしてしまうこともあるでしょう。SNSでフォローしている人が参加しているイベントに参加して、その人に声をかけてみるのもよいきっかけになることがあります。

　私は20年を超えるキャリアの中で「横のつながり」をつくることができ、付き合いの長い友人もたくさんいます。普段はそれほどやりとりがなくても、定期的に食事などをすると、「みんな頑張っているんだな」と強い連帯感を得られます（図4-5）。そうした感覚が、またリーダーとして日々役割を果たす原動力となるのです。

図4-5　横のつながりが原動力になる

孤独感への対策3
メンターを探す

┃ 相談に乗ってくれるシニアクラスは案外多い

第2章でお話しした、メンタリングもリーダーの孤独感を癒やすよい機会となります。本来、メンタリングは組織が環境整備の一環として行うべきものですが、そうした制度自体がなかったり、あっても相談相手が悩みや不安などを共有するには適していない相手だったりすることもあるでしょう。そうした場合は、自分でメンターとなる人を探すのも一手です。

「横のつながり」と同様、仕事の中で探したり、イベントやSNSで探すのが基本となりますが、仕事の経験が豊富な人に短時間で相談できるマッチングサービスもあるので、そうしたものを利用するのもよいでしょう。

とくに経験が浅いうちは、シニアクラスのプロジェクトマネージャーはどんなプロジェクトでも冷静にこなせそうに見えて、その存在感や自分との能力差に少しひるんでしまうかもしれません。

しかし、そうした人も昔は右も左もわからない状態でキャリアを歩み始め、人に助けてもらいながら現在のキャリアを形づくってきているため、日々の仕事の文脈を外れると相談を受けることにオープンな人は実は多いのです。

また、自分を慕ってくれる弟子のような存在ができることは嬉しいものです。自分が得た経験を伝えることで、若い人が立派に育っていくの

を見るのは代えがたい感動的な経験であるのと同時に、直接的な社会貢献でもあります。自分自身が働きかけることでよい関係を築くことができれば、相談に乗るほうにもメリットがあるため、積極的に行動してみましょう。

礼を失しない

　多くの経験を積んだシニアクラスのプロジェクトマネージャーは、失敗やミスをたくさん経験しています。私が以前ネットで読んだ表現でとても気に入っているものに、スペシャリスト（専門家）を「特定の領域ですべての地雷を踏んだことがある人」という定義があります（出典：https://note.com/sekondo/n/ncf3ebe1024d0）。

　多くの失敗やミスを経験している人から聞けるアドバイスや経験談からは、多くのものを得ることができるでしょう。ただ、シニアクラスのプロジェクトマネージャーにはオープンな人が多いものの、公私共に忙しく、職業柄「礼」を重視する人も多くいます。関係をつくる際は「時間をつくってもらっている」ことを忘れず、失礼のないようにしましょう。

防衛戦や撤退戦への
4つの取り組み方

どうしても勝ち戦にできないプロジェクトがある

　リーダーとしての役割を考える際、成功する見込みのない「防衛戦」や「撤退戦」での戦い方は外せないテーマです。そもそもプロジェクトは成功率が高い取り組みではありませんが、前提条件や環境が不十分なためにリーダーやメンバーがどれだけ努力や工夫をしても「勝ち戦」にしようがないものもあります。

　さらに、プロジェクトが炎上して誰の目にもプロジェクトの目的やQCDの達成が難しいことがわかる状況になっても、契約や経営戦略上の理由などで急に中止することができない場合もあります。

引き受ける人が少ない防衛戦・撤退戦

　プロジェクトの炎上でそれまでのマネジメントの質に疑義が出ると、多くの場合はプロジェクトマネージャーが交代となります。しかし、こうした「火中の栗」となっているプロジェクトは関係者がピリピリしていてプレッシャーが強く、メンバーは長期の残業や休日出勤で疲弊して関係が悪化していることも多いため、リーダーとしての役割を進んで引き受ける人は多くはありません。

　防衛戦や撤退戦を戦う労力でまっとうなプロジェクトを実施すれば、成功体験や新しい知見を積むことができることも考えると、引き受ける

人にとって大きなキャリア上の機会損失となる可能性もあります。

| 　やむをえず対峙しなければならない場合もある

　しかし、会社員の立場で組織からの強い要請があったり、フリーランスで経済的な事情があったりして、明らかに勝ち目のない防衛戦や撤退戦をリーダーとして戦わなければならないこともあるでしょう。

　防衛戦や撤退戦は通常のプロジェクトよりもリスクの高い取り組みのため、どのような方法で実施するかはとても重要なノウハウとなります。ここでは、少しでもリスクやデメリットを抑えた防衛戦・撤退戦への取り組み方を4つ紹介します。

- 防衛戦・撤退戦であることを周囲と共有する
- 勝利条件と防衛ラインを決める
- 計画を立てて粛々と実行する
- 振り返りを組織にフィードバックする

　次節より順番に解説していきます。

防衛戦・撤退戦への取り組み方1
防衛戦・撤退戦であることを周囲と共有する

| まずは仕切り直す

　プロジェクトが炎上して「火消し役」としてリーダーに任命された場合、まずやるべきは仕切り直しです。進行中のプロジェクトを一旦止めて、プロジェクトの前提条件となる契約やプロジェクト計画を確認し、本来果たすべきだった目的や目標を把握することが最初に実施すべきことです。

　次に、作成されたドキュメントや関係者へのヒアリングによってそれまでの経緯を確認し、現在どのような状況にあるのか、またなぜ炎上してしまったのかの原因を調査します。これには一定の時間がかかりますが、プロジェクトの立て直しにはこの現状確認が必要不可欠です。

　プロジェクトが炎上したり、途中から成功の見込みを失ったりしている場合は何か大きな失敗や見落としがあることがほとんどです。正確な現状把握ができなければ、その失敗や見落としをカバーすることができなくなります。

| 現状を明確に伝える

　このときに大事なのは、「プロジェクトが異常な状態にあり、それを修正するには計画の立て直しが必要であること」をメンバーや関係者に明確に宣言することです。前述の通り、旗色の悪いプロジェクトではメ

ンバーや関係者が長期間のプレッシャーや疲労によって正常な判断力を失っていることが多いため、休止して落ち着かせる意味でもプロジェクトの停止と仕切り直しの宣言は必ず実施しましょう。

┃ エビデンスを固めて冷静になって共通認識をつくる

この際に組織の意思決定層やキーパーソンに対して、プロジェクトの仕切り直しと計画の立て直しが必要であることを明確に伝えることも必要です。

炎上プロジェクトでは計画と現実の進捗が大きく乖離していることがしばしばありますが、形骸化した空虚な計画ではなく、現実を正確に把握して、そこから何ができるかという地に足をつけた思考に切り替えていくために明確な共通認識をつくることが必要です。

これは意思決定者や関係者に冷水を浴びせるような印象を与え、精神的にも困難な取り組みとなりますが、プロジェクトを前に進めるためには、エビデンスを固めて冷静に理路整然と話すしかありません。ただ場合によっては、この対応によって「ようやく現実を教えてくれる人が現れた」と感謝されることもあります。

勝利条件と防衛ラインを決める

プロジェクトの勝利条件を認識してもらう

炎上プロジェクトや失敗の見込みが濃厚なプロジェクトを仕切り直して現状確認を行うと、残された時間や工数、予算では当初のすべての目的や目標を達成することは困難であることが明確になるでしょう。その際、新たに目的や目標を設定し直すか、計画を立て直すことが必要です。

改めてプロジェクト当初の目的や目標を達成するなら、工数や予算の追加、スケジュールの変更が求められるでしょう。スケジュールや予算を変更できないのであれば、目的や目標を変える必要があります。

つまり、何がこのプロジェクトの勝利条件（成功条件）なのかをかかわる人々に改めて認識してもらい、それに基づいて新たな計画を実行する素地をつくるのです。

勝てないプロジェクトは防衛ラインを決める

場合によっては、請負契約のシステム開発プロジェクトで履行すべき条件が明確に記載されているケースなど、ベンダーはビジネス上の利益を捨ててもプロジェクトを履行しなければならないこともあります。

この場合はベンダーの社内で「何を捨てて、最低限何を守るべきなのか」の防衛ラインを明確に決めておく必要があります。そうしないと、プロジェクトが利益を失うだけでなく、かかわる人がメンタルを病んで

休職や離職するなど、大きな組織上の被害に結びついてしまう可能性が
あります。

　人的な被害は最小限に留める、などの防衛ラインが明確に決まってい
れば、組織の関係者はそれに応じて必要な対策を随時講じることができ
るようになるのです。

　通常のプロジェクトでも目的や目標の設定は重要ですが、成功する見
込みが低いプロジェクトは引き起こすマイナスの影響が大きいため、プ
ロジェクトの炎上が組織へと延焼しないようにするためにもより慎重か
つ明確に防衛ラインを定めることが必要です（図4-6）。

図4-6　防衛戦・撤退戦にのぞむプロジェクトマネージャー

防衛戦・撤退戦への取り組み方3
計画を立てて粛々と実行する

▍　計画の妥当性を検討する

　勝利条件と防衛ラインをプロジェクトメンバーや関係者と同意できたら、次はそれをもとに実行計画を立てます。防衛戦・撤退戦への取り組み方の1と2を適切に実施できていれば、仕切り直すまでの混乱は落ち着いて、メンバーや関係者は冷静に計画を立案し、その妥当性について検討することができるでしょう。

　前述の通り、防衛戦・撤退戦のプロジェクトでは形骸化した計画と現状の乖離が適切に把握できていないケースが非常に多いため、その部分をどのように見直すかが鍵となります。

　履行すべき契約条件やプロジェクトで合意した要件、まだ残っているリスク、これからやらなければならないタスクなどを整理して現実的な観点で計画を立て直します。

▍　焦らずに入念に検討する

　この時点で改めて勝利条件や防衛ラインを見直さなければならない可能性もありますが、不確実性が多く残っている場合は焦る気持ちを抑えて計画を詰めていくことが大事です。

　プロジェクト計画の立て直しは何度もできることではありません。もし何度も立て直しを実施すると、「どうせこの計画も当てにならない」

第４章

リーダーシップを鍛える

とメンバーや関係者の間に不信感が蔓延して、その後の計画の実行どころではなくなるからです。

┃　ためらわず実行あるのみ

　上記の理由から、できる限り不確実性を抑えた計画を立てて、メンバーや関係者の間で「よし、これでいこう」と合意できるものにする必要があります。

　計画について合意ができたら後は実行するだけですが、その計画も当初やるべき目的や目標からは大きく後退しており、仮に追加の投資が行われたとしても到底余裕があるとはいいがたい状況でしょう。

　メンバーや関係者が心理的にネガティブになってプロジェクトの効率性や生産性を落とさないようにするためにも、計画の実行はできるだけ冷静に粛々と行うことが重要です。

振り返りを組織にフィードバックする

┃　事例から学べない組織は失敗を繰り返す

　防衛戦や撤退戦となるプロジェクトは組織やかかわる人に大きなダメージを与えるため、それがゆえに組織でふれにくい話題となって、後で振り返られることが少ないという性質があります。誰しも、傷ついた経験や大きな失敗、それにかかわった人の仕事の進め方や責任については公には語ろうとしないものだからです。

　しかし、本書で繰り返しふれている通り、失敗するプロジェクトには共通点があり、その共通点は組織のあり方に根ざしている可能性があります。失敗を繰り返す組織は失敗事例から教訓を汲み取れないために、同じ失敗をしてしまうのです。

┃　失敗の本質

　失敗事例から学べなかった代表的な事例の一つは第2次世界大戦での日本軍の組織のあり方です。開戦当初、日本軍は破竹の勢いで侵攻しましたが、敗北を繰り返していた米軍は緻密な分析によって戦況を覆していきました。その後、日本軍は劣勢となっても陸軍と海軍の組織的な対立や軍の内部でのメンツの問題によって適切な振り返りや計画立案を行わず、無謀な戦闘を繰り返して多くの犠牲者を出した末に敗戦を迎えました。敗戦必至の状況だった戦争末期の1944年から翌年の終戦までの

戦没者は全体の9割にものぼるという推計もあります（出典：吉田裕『日本軍兵士―アジア・太平洋戦争の現実』中央公論新社、2017）。それほど、失敗事例から学んで改善することは重要な取り組みなのです。

　こうした日本軍の組織上の問題を分析した『失敗の本質』（戸部良一他著、ダイヤモンド社、1984）がベストセラーとなり、ビジネスパーソンの必読書といわれるようになって約40年がたつにもかかわらず、いまのプロジェクトの現場では同様の失敗が繰り返されているのです。

Ｉ　振り返りは本質主義・加点主義に基づいて行う

　組織で失敗を繰り返さないようにするためには、失敗事例から学ぶことが必要不可欠です。そこで、プロジェクトの終了時には結果にかかわらず適切な振り返りによって分析を行い、改善の参考となるようプロジェクトマネージャー自身がとくに意思決定者に対してフィードバックを行うことを組織の仕組みとして整備することが求められます（図4-7）。

　その際は第2章でお話ししたようなルーチンワーク型の思考に基づく減点主義や形式主義による評価ではなく、プロジェクト型の思考として、本質主義や加点主義に基づく評価が求められます。

　プロジェクトの経緯や実施した事柄を詳細に報告することが自身のマイナスの評価に結びつく可能性がある環境では、とくに失敗したプロジェクトでは誰もそうしたことを行わなくなり、振り返りの意味をなさなくなるからです。

┃ 人材を労わる

「火中の栗」を拾ったリーダーに対しては、組織として評価や報酬、休暇などの適切な見返りが必要です。これらを提供しなければモチベーションを失って組織から離れていってしまうでしょう。

　これは防衛戦や撤退戦を戦うことのできる忠誠心が高く優秀な人材を失うだけでなく、貴重なノウハウも失うこととなって組織上の大きな損失につながるため、必ず実施する必要があります。

図4-7　分析結果を冷静に受け止めて失敗から学ぶ

リーダーのストレスマネジメント

I ストレスマネジメントも技術

　プロジェクトを実施する際は大きなストレスを抱えることになります。前述したプロジェクトのリーダーシップがもたらす孤独感以外にも、不確実性がもたらす不安や多くのタスクをこなす大変さ、コミュニケーションや人間関係に伴う心労、数か月から数年にわたる長期の緊張感など、強く長期にわたるストレスはプロジェクトの本質的な特性です。プロジェクトを遂行するうえでストレスマネジメントは必要不可欠といえるでしょう。

　ストレスマネジメントも一つの技術です。これを習得していないと、メンタルを病んだり、身体を壊してキャリア設計に影響が出る可能性があります。ストレスマネジメントのコツは次の4点です。

- ストレスの性質を知る
- 手の抜き方を覚える
- ON と OFF を切り替える
- 働く環境を変える

　次節より順番に解説していきます。

ストレスマネジメントのコツ1
ストレスの性質を知る

❘ 人がもつストレス耐性は相対的なもの

　ストレスをマネジメントするには、そもそもストレスがどのようなものかを知っておく必要があります。まず知っておくべきことは、「人がもつストレス耐性は相対的なもの」であるということです。

　参考になる研究があります。戦争という極限状態で人がどのような心理的な状態になるかを研究した『戦争における「人殺し」の心理学』（デーヴ・グロスマン著、安原和見訳、筑摩書房、2004）という書籍です。

　この書籍では、第2次世界大戦における兵士の研究を行ったスウォンクとマーシャンの調査を引用して、「どんな歴戦の猛者でも、戦闘という極限の状態に長期間置かれた場合、精神が健全な者はいずれ100%精神的な限界を迎える」という趣旨の見解を提示しています（図4-8）。

❘ どの程度のストレスにどれだけの期間耐えられるか知っておく

　実はプロジェクトでもこれと同様のことがいえます。人によってどの程度の期間、強いストレスに耐えられるかは異なりますが、私の経験上、プロジェクトが炎上し始めると、早い人で1か月目から脱落し始め、ストレス耐性が高い人でも半年程度でメンタルか身体に限界が来てリタイアしてしまいます。稀にそれ以上の長期間耐えられる人もいますが、それはあまり参考にならない例として考えるのがよいでしょう。

つまり、自分やメンバーがどの程度のストレスにどれだけの期間耐えられるかをつねに意識しておくことが必要不可欠なのです。とくにプロジェクトマネージャーはプロジェクト計画やタスクマネジメントの際にメンバーのストレスレベルを把握し、コントロールする責任があります。この責任を果たさない場合、自身のマネジメントのせいで犠牲者を出してしまうことにもなりかねません。

　また、自分自身が「これ以上はもう耐えられない」と思うレベルが見えたら、メンタルや身体に大きなダメージを負う前に上司や意思決定者に相談してサポート要員の追加や配置換えなどの対応を実施してもらいましょう。心が折れるまでストレスに耐えると、鬱になって中長期のキャリア上の損失となるばかりか、その経験がトラウマとなってストレス耐性が下がってしまうこともあるため、早期の対処がきわめて重要です。

図4-8　ストレスおよび戦闘疲憊（ひはい）が平均的兵士の戦闘能力に及ぼす影響
（出典：デーヴ・グロスマン著、安原和見訳『戦争における「人殺し」の心理学』筑摩書房、2004）

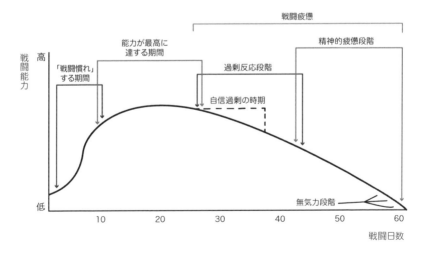

ストレスマネジメントのコツ2
手の抜き方を覚える

いつも高い緊張状態は保てない

プロジェクトではやることがつねに膨大にあるため、プロジェクトマネージャーには労力もストレスも長期にわたってかかります。とはいえ、いつも高い緊張状態にいると、前述の通り精神にダメージを負ってしまうことになりかねません。

そこで重要なのは「手の抜き方を覚える」ことです。手を抜くというと人聞きが悪い印象ですが、実は優秀なプロジェクトマネージャーはこれを心得ています。プロジェクトにはフェーズごとに特徴があり、マネジメントでかかる労力やストレスはつねに均一ではありません。

労力のかけ方を工夫する

図4-9は各フェーズにおいてどのようにマネジメントの労力をかけていくべきかをイメージ化したものです。プロジェクト開始直後のプロジェクト計画立案や要件定義は、その後のプロジェクトの成否を握るきわめて重要なプロセスになるため、場合によっては深夜に資料などをつくることがあるほど、集中して作業する必要があります。

しかし、プロジェクトでやるべきことや計画が決まり、タスクをチームメンバーに任せてタスクマネジメントやリスクやトラブルの対処を行うようになると、比較的楽になって精神的にも余裕をもてるようになり

ます。

　この時期に、短い休暇をとったりすると、リフレッシュすることができて、後半のテストやリリースに向けて集中して準備を整えることができるようになります。

　プロジェクトマネジメントの技術力は、こうした労力のかけ方や手の抜き方にも大きな差が出るのです。

図4-9　フェーズにおけるプロジェクトマネジメントの労力

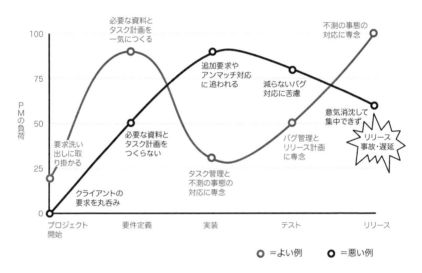

ストレスマネジメントのコツ3
ONとOFFを切り替える

｜　ストレス耐性や身体的な強さにつながる

　ストレスマネジメントでは、ストレスのレベルと期間のコントロールが必要不可欠ですが、これは1日の間でも同じことがいえます。

　朝起きて気持ちを仕事に向けるために仕事モードのスイッチをONにするときの儀式や、仕事からプライベートに戻るために仕事モードのスイッチをOFFにするときのリラックス方法を見出すことは、ストレスフルな日々では欠かせないテクニックです。また、長時間仕事をするときは昼食時に外出するようにする、などの工夫も必要でしょう。

　こうした日々の仕事モードのスイッチのONとOFFの切り替えの工夫が、中長期で見たときのストレス耐性や身体的な強さにつながっていきます。仕事モードのスイッチをOFFにするときの工夫は人によって異なり、それを見出すことは趣味にもつながるため、キャリアの中で模索していくといいでしょう。

　私が知っているプロジェクトマネージャーには、筋トレや登山、ヨガ、サウナ、ゲーム、料理などにはまっている人がいます。ちなみに、私は仕事が終わった後、夜にボーッとYouTubeやNetflixの動画を観たり、休日に釣りに行って海を眺め、頭から仕事の考えを落としていくのが習慣になっています。こうした「忘却力」はストレスの多いプロジェクトをキャリアの軸とするうえで欠かせないスキルとなるのです。

ストレスマネジメントのコツ4
働く環境を変える

┃ ストレスのある環境ではがまんしない

　プロジェクトでさまざまな工夫を行い、周囲に働きかけ、さらにストレスマネジメントを習得しても、環境が理由でストレスが減らなかったり、また経験や知見が身につくことで、未熟な頃は気がつかなかった課題に気づくようになってストレスが増してしまうことがあります。このような場合は、異動の希望を出したり、転職や独立などをして働く環境を変えるのが有効です。

　プロジェクトはこれからの社会にとって必要とされる取り組みですが、第2章でお話しした通り、それに適した環境を整えるには多大な努力を必要とします。その判断が行われるかどうかわからない環境でストレスを抱えて努力をすることは、キャリア上の大きな機会損失となる可能性があります。

┃ 企業の平均寿命は想像以上に短い

　日本の企業の平均寿命は23.3年（出典：https://www.tsr-net.co.jp/data/detail/1197369_1527.html）といわれています。これは多くの人が想像するよりも短い年数でしょう。

　ニュースで報じられる通り、名のある老舗企業や大企業でも時代の変化に対応できなければ、消えてしまうのが現代です。また、企業自体は

残っていても、新しい取り組みができずジリ貧となっていて、多くの人がメンタルを病んで休職していたりモチベーションを失っているような状態になっている組織では、何十年もそこに残るのは人生上の大きなリスクとなるでしょう。いずれにせよ、人が社会で働く年数を40〜50年と想定しても、企業の寿命や旬の時期はそれよりも大幅に短いため、自分のキャリアにとって適切な環境を選ぶという考え方は今後より社会に浸透していくでしょう（図4-10）。

図4-10 自分のキャリアにとって適切な環境を選ぶ

プロジェクトマネジメント業務で
たまったストレスをうまく発散できておらず、
健康面での不安がつのっています

Q これまで仕事が忙しすぎたこともあり、なかなかいいストレス解消法を見つけられていません。これから取り組むプロジェクトが大変そうなこともあって、よい方法を見つけないとまずいと思っています。よいストレス解消法を見つける方法はありますか？

A プロジェクトはストレスフルな取り組みであるため、ストレス解消の方法を見つけることはきわめて重要な技術となります。2019年に職業階層別死亡率について調査した東京大学の国際比較研究では「日本では管理職・専門職男性の死亡率が高い」という結果が報告されており（出典：https://www.m.u-tokyo.ac.jp/news/admin/release_20190529.pdf）、プロジェクトを適切に実行するためだけでなく、自分の人生を守るという意味でもストレスマネジメントはきわめて重要な技術です。

とくに仕事をし始めた若いうちは報酬が多くはなく、また仕事に没頭して余力もないことから、無趣味であることは珍しくありませんが、ストレスマネジメントを身につけているかどうかはキャリアの後半で大きな影響を与えるため、若いうちから探しておくのが理想的です。

自分に合うストレスを発散する方法を探す際には、いくつか踏まえておくべきポイントがあります。それは次の通りです。

- 自分が好きなことをやる
- できるだけ精神的な報酬が確実な方法を選択する
- 日常に組み込めるものを選ぶ

　まずもっとも大事なのは「自分が好きなことをやる」ことです。当たり前のように聞こえるかもしれませんが、流行や周囲の人に流されて、自分がやりたいことを見つけられていない人は実は多いのではないでしょうか。

「いろいろ趣味をやってみたけれど、どれも続かない」という悩みはよく聞きます。そうした人の話をよく聞いてみると、はやりや目につきやすい選択肢を選んでおり、形から入ってみたが楽しめない状態になっていることがしばしばあります。

　ストレスマネジメントの観点では、いかに継続してできるかが鍵となるため、自分が本当にやりたいことは何かを考えるのが重要です。たとえば、散歩で街を眺めて歩くといった方法は人に趣味として自慢できるものではないかもしれませんが、それが自分の中で継続できる好きなことであれば、十分ストレス解消法として成立するでしょう。

　ストレス解消法は「好きなこと」から選ぶことが重要ですが、その好きなことが対人性や社会関係を前提としたものである場合、ストレス解消につながらない、もしくはかえってストレスが増すこともあるので注意が必要です。

　たとえば、ゲームを趣味としている人は多いですが、それが対人戦を主体としたものである場合はゲームに負けることでストレスが募っ

てしまうことがあります。また、週末の草野球やフットサルなどの集団スポーツの場合は、試合での勝敗だけでなく、予定の調整や悪天候、集団内の人間関係などがストレスになったりすることもあるので注意が必要です。

　もちろん、趣味としてそれらを行うことはとてもよいことですが、ストレス解消法として分けて考えてみるとよいでしょう。

　さらに、ストレスは日々蓄積されるものなので、日々の生活に組み込めるかどうかも重要なポイントです。最近では、経営者やプロジェクトマネージャーの間で瞑想やサウナ、筋トレを行う人が増えていますが、これは日々の生活に組み込みやすく、また精神的な報酬が確実に得られやすい方法であることが理由として考えられます。

　実際にストレス解消法としてどのような方法を選択するかは個人によって千差万別ですが、これらの観点でいろいろ試してみると、自分に合った方法を見つけることができるでしょう。

キャリア構築力を鍛える

プロジェクトの点と線を
つないで仕事を
社会に広げていく考え方

　本章のテーマはキャリアについてのメタ認知です。「キャリア（career）」という言葉は元々、中世ラテン語の「車道」を起源にもち、英語では競馬場や競技場におけるコースやそのトラック（行路、足跡）を意味します。

　ある一つのプロジェクトの経験を点とするなら、キャリアはそれらの点をつないだ線となります。さらに、キャリアの中で実施してきたプロジェクトが成功して、経済的な利益をもたらして組織が拡大したり、かかわったメンバーが成長したり、さらにプロジェクトの成果が第1章でお話ししたような「より多くの人がより幸せになること」につながったりしていれば、社会に波及して面となって広がっていくでしょう。

　本章では、プロジェクトをキャリアの軸に据える際にどのような考え方をもって環境を選んでいくことが必要なのか、組織としてその環境を整えるにはどうすればよいのかをご説明します。

ハイリスク・ハイリターンな
仕事であることを知っておく

I プロジェクトという専門性がもつ可能性

プロジェクトは無から有を生み出すことができる非常に強力な力を
もっています。その成功率を高められるプロジェクトマネジメントのス
キルは、それを実施する組織にとっても、個人のキャリアにとっても、
鍵となるきわめて重要な能力です。

とくに新規事業や DX（業務改革・組織改革）などのプロジェクトは、事
業に大きな経済的メリットをもたらします。また、日本社会が抱える極
度の人手不足や数々の社会問題を解決していくうえで、プロジェクトマ
ネジメントのスキルやノウハウは今後も強いニーズがあるでしょう。

こうした社会的背景から、プロジェクトマネジメントの一定レベル以
上の経験や知見を得ることができれば、希少人材として転職市場では何
社からもオファーが来たり、高い報酬を得たりすることもできます。事
業会社でも、希少なノウハウをもつ人材として出世を見込むことができ
るでしょう。

さらに、もしプロジェクトマネジメント以外にソフトウェアエンジニ
アリングやデータサイエンス、環境問題、金融など、高い専門性が求め
られる分野のスキルや知見があれば、より高待遇を期待することもでき
ます。ハイレベルな外国語のコミュニケーション能力があれば、グロー
バルプロジェクトや海外の企業で活躍することもできるでしょう。

┃　大きなストレスを抱えるリスクもある

しかしその反面、自身のキャリアの軸としてプロジェクトを選ぶということは、不確実性がもたらす不安や多くのタスクをこなす大変さ、コミュニケーションや人間関係に伴う心労、数か月から数年にわたる長期の緊張感、孤立しやすさから来る孤独感など、大きなストレスを抱えるリスクをとることを意味します。

本書でこれまでお話ししてきた通り、プロジェクトで継続的に成果を上げていくには、プロジェクトを成功させるためのスキルや経験だけでなく、組織力、コミュニケーション能力、リーダーシップ、ストレスマネジメントなどの日々の仕事に取り組む際の適切なメタ認知や組織のあり方、周囲の理解が必要不可欠です。

プロジェクトを実施するうえで、これらがそろっていない、あるいは改善の兆しが見られない環境でキャリアを続けることは、失敗する確率の高い環境で努力することになります。これは成功体験を積む機会を得られないだけでなく、ワークライフバランスや心身のバランスを崩すリスクを抱えることになり、キャリア設計に大きな悪影響を与えます。

つまり、プロジェクトをキャリアの軸に据えることは、人生においてハイリスク・ハイリターンな選択肢を選ぶということです。自分ではハイリスク・ハイリターンな選択肢を望んでいなくても、組織からの要請やビジネス上の理由からいや応なくプロジェクトをやり続けるという選択肢を選ばざるを得ないことがあるかもしれません。その際も、自分のキャリア設計におけるリスクとリターンのバランスが変わっていることを自覚する必要があります。

組織はプロジェクトをキャリアの軸にする人の
特性をよく知っておくべき

　プロジェクトに取り組む際にリスクやストレスについて適切な理解をもち、覚悟を決めなければならないのと同様に、プロジェクトをキャリアの軸に据える場合はそのリスクと対処法を適切に理解しておく必要があります。

　また、第2章でお話ししたようなプロジェクトに適した組織を設計する立場の人が、プロジェクトをキャリアの軸に据える人が何を気にするのかを知ることは、継続的に多くの優秀な人材を採用し競争力を高めていく際に欠かせません。

　なぜなら、キャリアにおいてハイリスク・ハイリターンな選択肢を選ぶ人は、環境を選ぶ際に日本社会でこれまでよしとされていた安定的かつ長期的なキャリアを望む人とは異なるポイントを重視するからです。

　プロジェクトの失敗率が高い組織では、しばしば経営者が「わが社は規模が大きくて長く勤めれば報酬も上がるのに、プロジェクトができる優秀な人がどんどん辞めてしまう」といった悩みを抱えていることがあります。これはプロジェクトをキャリアの軸に据えた人々が何を所属する組織に求めているかの理解が足りていないから生じる問題といえるでしょう。

キャリアは環境選びが大切

┃　プロジェクトが成功するための環境を選ぶ

　本書でお話ししてきた通り、プロジェクトを成功させる際には、プロジェクトマネジメントに関するスキルに加え、組織のあり方や周囲の人々のプロジェクトに対する理解、コミュニケーションが日々どのように行われているかなどの「環境」のメタ認知と、自分自身のリーダーシップやストレスマネジメントなどの「個人」のメタ認知のそれぞれが適切にそろっている必要があります。

　もちろん、これらがそろっていなくても単発のプロジェクトを成功させることは可能ですが、中長期的に複数のプロジェクトを継続して高い基準で成功させていくことは難しいでしょう。

　つまり、プロジェクトをキャリアの軸として据える際は、自分自身の取り組みの姿勢とあわせて、適切な環境を選んでいくことが中長期的にプロジェクトを成功させる際に必要不可欠です。これはいわば、稲作でどれだけよい苗や優れた農法をもっていても、寒冷な荒れ地ではよい米をつくっていくことができないのと同じです（図5-1）。

　プロジェクトでよい米（成果）をつくっていこうとするなら、環境選びは必須です。この点で、「プロジェクトが成功するための環境を選んでいる」ともいえます。

図5-1 プロジェクトが成功するための環境を選ぶ

｜ よい環境は数が限られているのが現状

　しかし、序章でお話ししたような社会の状況から考えると、日本では まだプロジェクトに適した環境は多くはありません。最初に就職した企 業がたまたまプロジェクトを軸に据えたキャリアを構築できる環境に なっている可能性は低いでしょう。

　また、同じ組織でも配属される部署やかかわるプロジェクト、そのメ ンバーや関係者によって、環境としての条件は大きく変わります。

　たとえば、組織として適切な環境が十分に整えられていなくても、複 数のキーパーソンが優秀だったためにプロジェクトを成功させていると いった事例はよくあります。

　しかし、こうしたケースでも、ある一人のキーパーソンが離職や異動 などでいなくなることによって大きく成功率を下げてしまうことがあり ます。それほど、環境が整っていない状況でのプロジェクトの成功はも ろいものなのです。

第5章

キャリア構築力を鍛える

プロジェクトを軸とした
キャリア設計の歴史は浅い

┃ プロジェクトに携わる人は飛躍的に増えている

　プロジェクトをキャリアの軸に据えることを考えたとき、環境選びではどのような判断基準が必要なのでしょうか。この点について、いまの日本社会では十分な認識が共有されているとはいえません。

　それは、プロジェクトという取り組みが日本ではまだ歴史が浅く、それをキャリアの軸として据えるキャリアがまさにこれから広がっていくものだからです。

　プロジェクトに携わる人がどれくらいいるのかは正確な統計がありませんが、参考としてプロジェクトマネジメントの国際的な資格であるPMP®資格の日本での保有者数の推移を見てみると、2002年には2,362名でしたが、2022年には42,463名と、ここ20年で約18倍へと増えていることがわかります（出典：https://www.pmi-japan.org/wp-content/uploads/2023/04/PMIJ-annual_REP2022_facing-page.pdf、https://www.pmi-japan.org/wp-content/uploads/2022/12/18d8e0a262c50bee3fd40a92df285043.pdf）。プロジェクトマネージャー以外の職種も含めると、プロジェクトに携わる人は飛躍的に増えていると想定できるでしょう。

┃ プロジェクトを軸としたキャリア構築の
　知見が増えている

　これまでの一般的な日本の事業会社では、若いうちに現場でいくつか

のプロジェクトを経験し、その成果によって出世し管理職の階段を上っていくキャリアが一般的でした。

しかし、現在ではビジネスにおいてプロジェクトの取り組みが重視されるようになり、さらに多くの経験を必要とする複雑で高度なプロジェクトが増えている状況から、若い頃から長年プロジェクトを軸としてキャリアを構築している人が増えてきています。

現代のプロジェクトマネジメントは、米国で第2次世界大戦での兵器開発やその後の宇宙開発で生まれたとされています（出典：https://home.gwu.edu/~kwak/PM_History.pdf）。その後、エネルギー産業や化学産業でも活用されるようになり、日本でも主にプラント・エンジニアリング業界で取り入れられていきましたが、当時はまだ社会での認知度は低く、日本で一般的にノウハウとして拡大するようになったのは、1990年代半ばにインターネットが普及しIT業界が成長するようになってからです。

それから約30年がたち、プロジェクトを軸としたキャリアを構築するようになった世代がまさにいま一定の規模で広がっています。この世代では、多様なキャリアを歩んできたシニアクラスのプロジェクトマネージャーを中心に「失敗しやすい環境をいかに避けて、よりよい環境をいかに選ぶか」という知見が蓄積されるようになっています。

┃ キャリアの知見は横のつながりで共有される

これらの個人的な知見は、飲み会などの「横のつながり」で情報交換されて、他の人がどんなキャリア上の選択肢を選んでいるか、その結果どのような状況に置かれることになるのか、といった客観的な判断軸につながる知見としても蓄えられています（図5-2）。以降では、私がシニア

クラスのプロジェクトマネージャーたちと交わしてきた議論をもとに、キャリアを考えて選択していく際の具体的なポイントを紹介していきます。

図5-2　横のつながりでキャリアの知見が広がる

キャリアを考える際の3つの観点

I 環境の良し悪しは企業規模とは関係ない

　これまでお話ししてきた通り、プロジェクトを軸にしたキャリア設計で重要なのは自身のスキルを伸ばしていくことと、それに適切な環境を選ぶことです。プロジェクトを実施するうえで適切な環境は一般的な意味での「いい会社」、つまり知名度が高かったり、規模が大きかったり、業績が安定していたりする企業とは異なります。

　スタートアップとよばれるような設立から間もない、数人程度の小さな規模の企業でもプロジェクトに適した環境はつくることができます。逆に誰もが知っている上場企業でも、プロジェクトを継続的に成功させるには適していない環境であることはしばしばあります。

I プロジェクトに適した環境選びのポイント

　また同じ企業でも、時間の流れとともに組織の変化によって大きくプロジェクトを実施する際の条件は変わります。たとえば、スタートアップで当初はプロジェクトに適した環境で成果も上がっていた組織が、組織の拡大とともに硬直化や縦割り化が進んで不適切な環境になってしまうケースはしばしば起こります。

　逆に、歴史が長く「組織のマネジメント」の力が強すぎてプロジェクトを実施するには不向きだった大企業が、上層部にプロジェクトへの理

解をもっている人物が外部から入ることで、急速にプロジェクトを実施しやすい環境になることもあります。さらに、同じ企業でも部署によって置かれる環境の条件が大きく異なるケースもよくあります。

つまり、「この会社だから大丈夫」ということはなかなかいえないのが環境を選ぶ際に難しいところです（図5-3）。たとえば、新卒入社や転職の際に「どの会社がプロジェクトの経験を積むのに向いているか」については就職・転職エージェントやシニアクラスのプロジェクトマネージャーなどに直接聞くのがもっとも効率的ですが、その際にどんな点に気をつけてヒアリングすべきかは自分が望んでいるキャリアのあり方と照らし合わせて考えていく必要があります。

キャリアを考える際は次の3つの観点を見ておくとよいでしょう。

- **安定性と柔軟性**
- **カルチャーとモラル**
- **報酬と利益の分配**

図5-3　プロジェクト環境の良し悪しは外からではわかりづらい

安定性と柔軟性

▍ 失敗を許容する余裕があるかどうか

　安定性と柔軟性は主にワークライフバランスにかかわる基準です。本書でお話しした通り、プロジェクトは本質的に大きなストレスを伴う取り組みです。プロジェクトが成功すれば、得られるスキルや知見、経済的なメリットは大きい反面、失敗すれば大きな挫折となり心身を病んでしまう可能性もあります。

　プロジェクトは適切な環境が整っていても成功させるのは難しいものですが、もしプロジェクトが失敗した際に組織にそれを許容する余裕があるかどうかは、取り組む人のリスクの点で非常に重要なポイントです。

　プロジェクトの失敗がビジネスの失敗に直結する不安定な状況では、プロジェクトで失敗した際に少し休んだり、他部署に異動したりすることができない可能性が高いでしょう。これは失敗した際に「受け身」をとれないことにつながり、一つのプロジェクトの失敗がキャリアの挫折になる可能性があります。

▍ IR資料やヒアリングで情報収集する

　基本的には大きな企業のほうがプロジェクトへの依存度が低く、ポジションの選択肢も多いため安定性が高い傾向にありますが、事業会社などではルーチンワークが主体の組織構成になっていて、プロジェクトと

しての取り組みに対する柔軟性が欠けていることが多いでしょう。

逆に、スタートアップや規模の小さい企業では安定性に欠けている反面、プロジェクトの成功がビジネスの成功に直結しているがゆえに、上層部に働きかけやすく、成功に必要な条件を整える柔軟性を確保できるケースもあります。

キャリアを構築するうえではプライベートの環境の変化も考慮に入れる必要があるでしょう。若い頃は安定性の欠けている環境で一日中仕事をしていても苦にならなくても、結婚したり、子供ができたり、親の介護が必要になったりするなどの変化が起これば、適切なバランスは変わってくるでしょう。

ある組織がプロジェクトや自分自身の状況に適した環境になっているかどうかは、この安定性と柔軟性の観点でIR資料を読んだり、キーパーソンや面接でのインタビューで「その企業がプロジェクトに関していまどんな取り組みを行っているのか」についてヒアリングしていくとよいでしょう。

キャリアを考える観点2
カルチャーとモラル

モラルの低い組織にいると
長期的に負の影響を受ける

　カルチャー（企業文化）とモラル（倫理観）は、主に QOL（Quality of Life：生活の質）と長期（数十年）のキャリア設計にかかわる基準です。第3章でお話しした通り、日々のコミュニケーションやそこでつくられる信頼関係はプロジェクトを成功させるうえできわめて重要な要素であると同時に、日々の生活の質に大きくかかわります。モラルはカルチャーと関係が深く、モラルの低い組織では適切な経験を積めないため、長期のキャリア設計にマイナスの影響を与える可能性があります。

　プロジェクトでは適切なコミュニケーションによってリスクを回避し、議論やアウトプットを積み上げ、発生したトラブルに対処していく必要があります。しかしこの際に、たとえば口の利き方を知らない人がチームや関係者にいると、コミュニケーションの効率を大きく下げるだけでなく、感情的に大きく不満を抱えることになるでしょう。

「あの人がいるから働きたくない」と、日曜日の夜から働く意欲が下がるといった経験は誰しも身に覚えがあると思いますが、心理的な負荷の高いプロジェクトの取り組みではその悪影響がきわめて大きくなります。

モラルの低さがカルチャーとなる

　適切なコミュニケーションを育まなかったり、不適切なコミュニケー

ションをする人に対処しなかったりする組織は、それがカルチャーとして定着してしまいます。つまり、「ここでは独善的なコミュニケーションをしても許されるのだ」という意識が組織に根づいてしまうのです。

　適切なコミュニケーションをするには、相手のことを考えて適切なメッセージを送るための試行錯誤が求められますが、独善的なコミュニケーションはそうした努力が必要ないため、楽なほうに流れてしまう人がどんどん増えていきます。感情的な対立も発生しやすく、プロジェクトからの離脱や離職者も増えてしまうでしょう。

┃ カルチャーがプロジェクトの成否に直結する

　上記のような組織ではコミュニケーション効率が低いため、プロジェクトを成功させるのが困難なだけでなく、かかわる人のモラルも低下し、「自分さえよければよい」といった考え方が横行することになります。

　いわれたことしかやらなくなったり、つねにチャットで愚痴をいいあっていたり、周囲の揚げ足取りをしたりする人も増え、より一層プロジェクトの成功どころではなくなります。

　そうした環境の企業では高度なプロジェクトを実施することが難しいため、「利益さえ上がればよい」といった考えになって、違法ではないが一定の人に害をもたらすグレーなビジネスモデルを構築するプロジェクトの成功を実施することもあります。

　こうしたプロジェクトにかかわってしまうと、プロジェクトの成否にかかわらず適切な経験を積むことができないため、経験年数が長くなっても高度なプロジェクトを実施できるスキルや知見を身につけることができなくなります。

グレーなビジネスのプロジェクトでは成長できない

　実は、どのようなカルチャーの組織でプロジェクトをやるかは、その後のキャリアに大きくかかわります。優秀なシニアクラスのプロジェクトマネージャーと会話すると、経歴が人によって多様なことがわかりますが、「実は過去にグレーなビジネスのプロジェクトをやっていたんだよね」という話を聞くことはほとんどありません。

　グレーなビジネスは多かれ少なかれ人を騙しているため、要求されるプロジェクトマネジメントのスキルレベルは高くありません。そこで、一度グレーなビジネスモデルにかかわってしまうと、健全なビジネスで実施するプロジェクトとの難易度に大きなギャップがあったり、当人が「楽にもうかるか」に意識が向かったりしてしまうため、プロフェッショナルとしての成長が止まってしまうのでしょう。これは長期のキャリア設計としては大きなデメリットとなります。

　もし、プロジェクトを軸として長期のキャリア設計を考えるなら、自分がかかわる組織のカルチャーやモラルが適切かどうかを、ビジネスモデルや面接での相手のコミュニケーションから推察するとよいでしょう。

企業の素を見る観点を養う

　個人的なテクニックになりますが、長くかかわる可能性がある企業は、そのオフィスのトイレに入ってみるとよいでしょう。カルチャーやモラルが荒廃している組織のトイレは不潔であることが多く、一つのサインとなります。また、非喫煙者には推奨できませんが、喫煙所で組織の愚

痴をいっている人がいる場合は強いサインになります。他にもエレベーターで乗り降りの際にちゃんと「開く」を押して周囲に配慮してくれるかどうかなどもサインとして参考になります。

　これはいずれも組織が普段、意識していない「素」の部分を見られるという意味で重要な情報になるのです（図5-4）。私は普段これらを実施していますが、何度もプロジェクトの環境を選択するうえで「危ない企業」を回避することができました。他にも企業の素の部分を見られるテクニックはあると思いますので、模索してみるのもよいでしょう。

図5-4　企業の素の部分を見極める

キャリアを考える観点3
報酬と利益の分配

┃ ハイリスク・ローリターンになっていないか

　報酬や利益の分配は、主に自分が得られる経済的メリットと組織内の公平感にかかわる基準です。これらは第2章でお話しした、組織のプロジェクト人材の評価に直接関係します。

　プロジェクトを軸にしたキャリア設計はハイリスク・ハイリターンなものになりますが、プロジェクトを実施していく際の報酬や利益の分配が適切に行われていない場合、プロジェクトを実施する人にとっては大きな責任とストレスを抱えさせられるだけのハイリスク・ローリターンなものになります。

　たとえば、伝統的な日本企業のように勤続年数や個人の実績で報酬や職位が与えられる場合、プロジェクトを成功させてもそれが適切に評価されないケースがあります。

　これはプロジェクトマネジメントのスキルが未熟な「見習い」の段階では、まだ当人に自信がなく、市場価値も大きくないため即座には離職の動機にはなりませんが、一定レベルまで成長すると、「やっていることに対して与えられる報酬や職位が見合わない」という心理状態になって離職につながります。

不適切な評価は事業の投資効率にも影響を及ぼす

しばしば、「ようやくプロジェクトを成功させることができる有望な若手が出てきたのに、実力を身につけたと思ったらすぐに転職してしまった」という経営者の嘆きを聞くことがありますが、それは適切な評価や報酬が与えられていないことに起因する場合が大半です。

適切な評価や報酬が与えられていないのは制度設計が不適切であることが多いため、離職の意思を伝えられた際に「功績に将来報いるつもりだったのに」と慰留しても、後の祭りになることが多いでしょう。

たとえば、中長期で数十億円の売上を見込む新規事業のプロジェクトをゼロから立ち上げて奮闘している若手社員に対して、その功績を既存事業のルーチンワークと同じ基準で評価した場合、モチベーションが下がるのは自明でしょう。

仮に離職にはいたらないとしても、自身が背負っている責任やストレスに対して報酬が見合わないと思ったら、プロジェクトへの取り組みが消極的になるのは避けられません。これは中長期の時間軸で見ると、事業投資の効率を大きく下げることにもつながります。

若手のモチベーションを下げないために

評価の基準や給与テーブルなどの人事制度を見直すには多くの労力がかかり、またそれを実施する意思決定は組織の将来を決める重要なものとなるため、そう簡単にはできないことが多いでしょう。さらに、プロジェクトには初期投資が大きくかかるため、すぐには報酬で担当者の功

績に報いることができないという状況もあるでしょう。

　そこで、少なくとも相手のモチベーションを下げないためには、第2章でお話しした人材評価の考え方やモニタリングの観点で、組織の上層部からプロセスや成果について高い評価をもらっていることを直接伝え、中長期的にどのように報いる想定があるかを伝えていく必要があります。

　しばしば、大企業では経営層が「ウチはいい会社だからそう簡単には辞めないだろう。優秀なら出世の見込みがあるのだからなおさらそうだ」と思い込んでいることがあります。しかし、プロジェクトに取り組む際には先陣を切る人が大きな責任とリスク、ストレスを抱えることになるため、経営層とプロジェクトの担当者との間で大きなすれ違いが生まれやすくなります（図5-5）。

　プロジェクトが成功した際にはどのような評価と報酬が得られるかについて、つねに説明することがこのすれ違いを防ぐことにつながります。

図5-5　経営層と現場担当者のすれ違いが起こらないようにする

プロジェクトマネージャーの報酬は平均値よりも高額

　利益の分配については公平性の観点も重要です。プロジェクトマネージャーの平均的な報酬は、日本の平均的な報酬と比べると非常に高額です。

　プロジェクトを適切に実行できる人を採用したり外部から調達したりする場合は相場に応じた報酬を支払う必要があり、また前述した通り組織内から適切な人材が育った場合は、それに準じた報酬を用意していく必要があります。それができなければ、そもそもプロジェクトを遂行できるチームを構成することはできません。

　さらに、プロジェクトが成功すれば、複数年にわたり数億円や数十億円といった規模で経済的なメリットを得ることも可能です。こうした人材の希少性やプロジェクトがもたらす利益の観点で考えると、中心人物には高額の報酬を支払う必要があります。しかし、だからといってあまりにも高額な報酬を与えてしまうと、組織の中で公平性が破綻し、多くの人のモチベーションを下げてマイナスの影響を与えることにつながるため、適切なバランスを確保することが求められます。

プロジェクトが成功しても悲劇が生じうる

　新規事業やDX（業務改革・組織改革）のプロジェクトでは既存事業の部署の協力が必要不可欠であることが通常ですが、プロジェクトを実施するチームと既存部署の人々との間に報酬などの待遇面であまりにもギャップがあると、それが心理的な障害となって適切な協力が得られな

いことがあります（図5-6）。「鼻持ちならないエリートが自分の仕事をかき乱しに来た」と思われてしまうのです。

　こうした状況では協力が得られないばかりか、意図的に妨害されてしまうこともあるでしょう。さらに、あるプロジェクトで組織に大きな経済的なメリットをもたらした人が非常に高額な報酬を得るようになってしまうと、当人が「経済的に上がった」状態になって仕事に対するモチベーションを失ったり、またそれによって独善的なプロジェクト上の判断やコミュニケーションが行われたりすると、チームや関係者が意欲を失って、前述したカルチャーやモラルの荒廃につながることがあります。

　いずれも、プロジェクトが成功した際にしばしば起こる悲劇として、パターン化できるほどよく聞く話です。プロジェクトを軸に据えたキャリアについて考える際は、こうした報酬と利益の分配が評価や公平性の観点で適切に考慮されているかを確認するとよいでしょう。

図5-6　待遇の差が大きすぎるとプロジェクトの障害になる

プロジェクトを軸に据えた
キャリア形成のための考え方

┃ 習熟レベルと4タイプのプロジェクト環境

　ここまでお話ししてきた通り、プロジェクトに適した環境を選ぶこと
は、プロジェクトを軸に据えたキャリアを構築するうえできわめて重要
な判断です。適切な環境を選択し、努力を重ねることによってプロジェ
クトの知見やスキルが身について、希少人材として高い評価や報酬を得
たり、新規事業や DX(業務改革・組織改革) などの貢献度の高いプロジェ
クトに取り組むことができるようになるのです。

　現在そのレベルに達しているシニアクラスのプロジェクトマネー
ジャーは、プロジェクトマネジメントという概念が日本で普及し始めた
頃に働き始め、キャリアを形づくるようになった人々です。彼ら・彼女
らの多くはまさにビジネスのジャングルをサバイバルナイフ一本で生き
抜いてきたようなバイタリティあふれる人々で、経歴も多様でさまざま
な面白いエピソードをもつ人もたくさんいます。

　現在はそうした人々が切り開いてきた獣道が徐々に舗装され、プロ
ジェクトに適したキャリアコースを備えている組織も増えています。

　ここからは、これからプロジェクトを軸に据えたキャリアを形成して
いこうとする人々にとって、おさえておきたい「プロジェクトマネジメ
ントの習熟レベル」と「4タイプのプロジェクト環境」について解説し
ていきます。

プロジェクトマネジメントの
習熟レベル

┃ 誰もが試行錯誤しながら成長する

　当然ながら、誰でも最初は未経験者です。条件さえそろえばどんなプロジェクトでもやってのけそうなシニアクラスのプロジェクトマネージャーも、最初は右も左もわからない状態でキャリアを始めています。

　現在はプロジェクトマネジメントの研修が実施される企業も増えてきてはいますが、そうした企業はまだまだ少ないのが現状です。ほとんどの場合、プロジェクトを軸に据えたキャリアは会社から急にミッションをわたされて、書籍を読んだり、先輩の仕事を見よう見まねで始めたりすることになるでしょう。

　前著『プロジェクトマネジメントの基本が全部わかる本』で詳述した通り、プロジェクトマネジメントはスキルの全体性が高く、何か一部のスキルだけを習得していても他の部分が未熟であれば大きく失敗してしまう可能性があります。

　たとえば、業務システム開発のプロジェクトで設計や技術的な側面については完璧でも、見積りや計画の調整で失敗してしまうことがあります。プロジェクトマネジメントで「一人前」になるまでには多くの時間や労力、試行錯誤の経験を必要とするのです。

| プロジェクトマネジメントにおける1万時間の法則

　それでは、どの程度の経験を積めばプロジェクトマネジメントで「一人前」とよべるようになるのでしょうか。マルコム・グラッドウェルは著書『天才！ 成功する人々の法則』（講談社、2009）で「どんな分野でも一線のプロフェッショナルとなるには1万時間の習熟の時間が必要である」という説を主張しましたが、私は多くのプロジェクトマネージャーを見てきた中で、おおむねプロジェクトマネジメントにも当てはまるだろうと考えています。

　仮に月の稼働日数を20日、稼働時間を8時間として、毎日プロジェクトマネジメントに没頭したとしても、1万時間に達するには約5年（62.5か月）かかります。この点からも、プロジェクトマネージャーを育成するためには組織が適切な環境を用意する必要があることがおわかりいただけるでしょう。

　つまり、プロジェクトマネジメントのスキルレベルを推察する際に、ポジションの経験年数はあくまでも目安にしかなりません。たとえば、肩書としてはプロジェクトマネージャーという名称がついていたとしても、会議や社内調整にばかり時間をとられていたり、自分自身でプロジェクトマネジメントをやらずにベンダーにやらせていたり、スキルの成長につながらない炎上対応ばかり行ったりするような状況では、いくら経験年数が長くてもプロフェッショナルとして通用するスキルレベルに達することはできないのです。

初期・中期・後期キャリアの考え方

　プロジェクトを軸に据えたキャリア設計を考えるときは、この「1万時間」の経験をどう得るかを考えるのがもっとも重要です。経験レベルを初期キャリア（1~3年程度）、中期キャリア（3~5年程度）、後期キャリア（5年以上）で考えたとき、プロジェクトへの取り組み方としては図5-7のようになります。

　初期キャリア（1~3年程度）では、プロジェクトにかかわる細かい仕事や調整業務をこなしつつ、さまざまな経験を積みながら、周囲から教えられてプロジェクトマネジメントのスキルを伸ばすフェーズです。第2章でもお話しした通り、このフェーズでは経験豊富なシニアクラスのプロジェクトマネージャーと一緒に仕事をすることが理想です。

図5-7　初期キャリア、中期キャリア、後期キャリアの考え方

	スキル志向 （プロジェクト マネジメント）	ポジション志向 （組織マネジメント）	独立志向 （フリーランス）	レバレッジ志向 （起業）
後期キャリア （5年以上）	より高度なプロジェクトに挑戦し、経験の幅と深さを追求する志向	人材育成や組織の管理も行って組織内での地位を獲得する志向	フリーランスとして独立して高額の報酬を目指したり、独自のワークライフバランスを確保したりする志向	スタートアップやベンチャーなどを立ち上げてもっているノウハウでより多くの利益や社会的な影響を得ようとする志向
中期キャリア （3~5年程度）	基礎固め フェーズ	プロジェクトの流れを一通り把握して、経験のある種類のプロジェクトについては小規模（10~30人月）であれば一人称でこなせるようになっているフェーズ		
初期キャリア （1~3年程度）	サブ ポジション フェーズ	プロジェクトにかかわる細かい仕事や調整業務をこなしつつ、さまざまな経験を積みながら、周囲から教えられてプロジェクトマネジメントのスキルを伸ばすフェーズ		

中期キャリア（3~5年程度）では、プロジェクトの流れを一通り把握して、経験のある種類のプロジェクトについては小規模（10~30人月）であれば一人称でこなせるようになっている状態です。まだ案件の種類やプロジェクトのフェーズによって得意不得意のギャップがあるため、より経験を積んでスキルを伸ばしていく余地があります。

　後期キャリア（5年以上）では、前提条件がそろっているプロジェクトであれば、多様な種類のプロジェクトをこなせる状態です。キャリアの選択肢も大幅に広がり、以下のようにもっている価値観や目指す生活のスタイルに応じて多様な選択肢をもつことができるようになります。

- より高度なプロジェクトを志向するスキル志向
- 人材育成や組織の管理も行い、組織内での地位を獲得するポジション志向
- フリーランスとして独立して高額の報酬を目指したり、独自のワークライフバランスを確保したりしようとする独立志向
- スタートアップやベンチャーなどを立ち上げ、もっているノウハウでより多くの利益や社会的な影響を得ようとするレバレッジ志向

　初期キャリアでは右も左もわからず迷うことも多く、キャリアについて不安を抱えることもありますが、中期キャリアを乗り越えて後期キャリアまでたどり着けば、プロジェクトマネージャーとしてのキャリア設計は大きな実を結ぶといえます。

4タイプのプロジェクト環境

プロフェッショナルへの道は
所属する組織に大きく左右される

　プロジェクトマネジメントでプロフェッショナルになるには、1万時間の経験を積むことが一つの目標となりますが、それがどの程度可能かは所属する組織に大きく左右されます。

　現在、プロジェクトの経験を積むうえで選択肢となる組織は次の4タイプに分けることができます。それぞれのプロジェクト環境の傾向について説明します。

- ●事業会社（非IT企業）
- ●BtoC企業（IT企業、一般顧客向け）
- ●BtoB企業（IT企業、受託開発／コンサルティング）
- ●スタートアップ

事業会社（非IT企業）

　ここでいう事業会社とは、IT以外の領域でビジネスを行っている企業を指します。序章でお話しした通り、日本ではこうした事業会社は、利用している業務システムの開発・改善・運用や新規事業、DX（業務改革・組織改革）などを行う際に外部のベンダーに発注してプロジェクトを実施する割合が高いでしょう。

こうした企業がどの程度プロジェクトの取り組みを進められるかは、各社で大きく異なります。同じ業界、同程度のポジションでも、プロジェクトに対する取り組み方はまったく違うことがあるため、プロジェクトを主軸に据えたキャリア設計を考えている際は、慎重に情報収集を行って判断する必要があるでしょう。同じ「プロジェクトマネジメント」でも、企業によって単にベンダーの受発注管理だけを指していることもあれば、実際にプロジェクトの中心に入ってマネジメントを行うこともあり、千差万別なのが現状です。

　事業会社がプロジェクトの取り組みを推進する際には経営層の強い意志が必要となるため、IR資料や面接、関係者へのインタビューでその部分を確認するとよいでしょう。

┃　BtoC企業（IT企業、一般顧客向け）

　BtoC企業は多くの一般顧客に向けてサービスを展開している企業です。こうした企業は広告やマーケティングに多くの投資を行っていることが多いため、イメージしやすいという特徴があるでしょう。

　とくに「メガベンチャー」とよばれるような企業は多額の費用をかけてマーケティングを行い、多くの人材を採用しているため、選択肢に上りやすいという傾向もあります。こうした企業は安定感が高い反面、社内事情や事業状況に振り回されやすいという特徴もあり、また事業成長フェーズによってかかわれる領域やプロジェクトが大きく異なるため、イメージに反して成長機会が得られないこともあります。

　大々的にプロジェクトマネージャーやプロダクトマネージャーの育成を打ち出していても、実際にかかわることができるのは既存サービスの

小さな追加機能開発プロジェクトのみ、ということもしばしばあり、そうした状況ではスキルを全体的に習得するのが難しいことがあります。

　組織がサイロ化されていること（システムや部門が分断され、独立している状態）もあり、その組織の中でしか通用しないスキルやノウハウを学んでしまうこともあります。これでは「井の中の蛙」となって将来的な市場価値を下げる可能性もあるため、注意が必要です。

　BtoCの企業をキャリアの選択肢として考える際は、企業が宣伝するイメージをそのまま受け取るのではなく、実際に入社した際にどのような仕事ができるのか、組織がどのように構成されているのかを重点的に確認するとよいでしょう。

｜　BtoB企業（IT企業、受託開発／コンサルティング）

　BtoB企業は主に事業会社からのプロジェクトを受注して事業のコンサルティングやシステム開発などを行う企業です。企業によって、事業のコンサルティングとシステム開発の比率が変わります。

　BtoBのプロジェクトには受発注の契約があり、また発注者の予算が限られていることが多いため、プロジェクトマネジメントで要求されるスキルレベルがBtoCと比べて高いという特徴があります。

　また、発注者と向き合ってプロジェクトを進めることになるため、仕事の緊張感も高くなります。しかしその分、成長の機会も多く、中長期で見ると飛躍的な成長を遂げることも可能です。私が出会ってきた優秀なプロジェクトマネージャーも、多くがBtoB企業の出身者です。

　BtoBのプロジェクトでは発注者の事業に直接かかわることになるため、それまで知らなかった多くの「ビジネスの裏側」を見ることもでき

ます。これはずっと同じ組織で同じプロダクトにかかわっていては経験できないことです。

　BtoB 企業は守秘義務にかかわるプロジェクトに携わっているため、なかなか具体的な仕事の内容を知ることができませんが、プロジェクトを主軸に据えたキャリアの設計では魅力的な選択肢の一つとなるため、まずどのような企業があって、それぞれどのような領域や取り組みを進めているのかを調べてみるとよいでしょう。

｜　スタートアップ

　スタートアップは厳密にいうと上記3つで挙げたような領域ではなく、組織の成長戦略にかかわる分類ですが、キャリア設計においては留意すべきことがあるため、取り上げています。

　スタートアップは多くの場合、数人の創業者が何もないところから事業を立ち上げて、急速に組織を拡大して市場をとることを目的として経営されています。つまり、最初の創業メンバーがどのような人々かで組織のあり方が変わり、かかわる人の成長機会も変わります。

　また、スタートアップは上場や買収を経るまではとにかくリソースが足りないことが多いため、いまでも仕事の丸投げや過重労働など、「ブラック」とよばれるような環境が多いのが特徴です。組織的なサポートも期待できないことが多いため、とにかく自立してスキルやノウハウを身につける必要があります。

　逆にいえば、自立心さえあれば組織的な制約も少なく、成長機会はいくらでもあるといえます。組織が小さいうちに参画すれば、幹部として組織の中核人物になることができたり、株やストックオプションを得て

上場できた際に大きな資産を得たりできる可能性もあります。

　プロジェクトを主軸に据えたキャリア設計においてスタートアップを選択することは、とくにハイリスク・ハイリターンな選択であることを理解し、また鍵となる創業メンバーの人となりや考え方をモラルやカルチャーの観点でよく確認するようにするとよいでしょう。

　第4章でお話しした通り、企業の平均寿命は人が働く期間よりも圧倒的に短いのが現実です。慎重に情報を集めてキャリアの選択肢を検討し、与えられた環境でプロジェクトのスキルを蓄積し、さらに自分自身がよりよいと思える人生や価値観のために選択していくと、充実したキャリアを送ることができるでしょう（図5-8）。

図5-8　キャリアの選択肢を慎重に検討し、充実した人生に近づいていく

いずれはプロジェクトマネージャーや プロダクトマネージャーになりたいと 思っています

Q 　現在は別の職種でキャリアを積んでいますが、プロジェクトマネージャーやプロダクトマネージャーのキャリアを歩みたいと考えています。どうすればよいでしょうか？

A 　この質問もいろいろな方から頻繁に受ける質問です。プロジェクトマネージャーやプロダクトマネージャーになりたいという人がたくさんいる一方で、実際にそうした経歴を歩んでいる人の中には「やりたくもないのにやらされた」や「他にやる人がいなかったのでやることにした」といっている人も多くいます。

　こうした志望者と採用側のすれ違いという状況自体が、プロジェクトマネージャーやプロダクトマネージャーという職種に対する認識が社会に十分に浸透していないことを示しているといえます。

　この状況を解消するために必要な認識は2通りあります。1つは「プロジェクトマネージャーやプロダクトマネージャーは何ができなければならないか」というスキルセットに対する認識、そしてもう1つはそうした「スキルセットをもつ人をどのように育成したり調達するべきか」という人材育成と調達に対する認識です。

　前著『プロジェクトマネジメントの基本が全部わかる本』と本書で述べた通り、これらの認識はいずれもまだ日本では広く社会に浸透し

ているとはいいがたい状況であるため、すでにスキルセットや人材育成・調達の考え方が整備されている職種と異なり、個人での努力や工夫が求められることになります。

　自分自身でキャリアを切り拓こうとするとき、私がこれまで多くのプロジェクトマネージャーやプロダクトマネージャーから話を聞いてきた中で、とくに重要だと思われる点は次の通りです。

- 自分はプロジェクトマネージャーやプロダクトマネージャーをやりたいということを公言する
- 新しい取り組みが行われる際に率先して手を挙げる
- 自分がレベル1に戻ることを覚悟する
- 誰も拾わないボールを拾う

　序章でお話しした通り、プロジェクトを実施できる人に対する需要はきわめて高い反面、人材の供給はまったく足りていません。ITの高度化や超少子高齢化を考えると、今後もこの需要と供給のギャップが埋まることは当分ないことが予想されます。

　その際に妥当な選択肢となるのが人材育成です。そして、人材を育成する際に必要不可欠となるのが、安定性のある既存事業から離れてプロジェクトというハイリスク・ハイリターンな取り組みを自ら望んで行おうとする熱意ある人材です。

　しかし、そうした人材は非常に少ないため、周囲に「自分はプロジェクトマネージャーやプロダクトマネージャーをやりたい」ということを公言していれば、チャンスを与えられる可能性は高いでしょう。

新規事業のアイディアを自社内からつのって試験的にプロジェクト
を行う取り組みを実施する企業も多くあり、そうした「新しい取り組
みが行われる際に率先して手を挙げる」のも効果的です。

　もしそのプロジェクトでは大きな成果を出せなくても、経営層では
確実に有望な人材として認識されるため、次の機会にもつながる可能
性は高いでしょう。

　周囲に自発的な意志を伝えることができれば、後は組織が機会を用
意してくれるのを待つか、あるいは新しい環境を求めることになりま
す。実際にキャリアチェンジの機会が得られそうになったら考えてお
くべきことは、「自分がレベル1に戻ることを覚悟する」です。

　ロールプレイングゲームで主人公が転職を行った際に、その職業を
レベル1からやり直す必要があるように、すでに専門的な知識や経験
がある領域から新しくプロジェクトマネージャーやプロダクトマネー
ジャーになる場合は、自分自身に専門的な知識や経験がないことを理
解し、謙虚にそれを積み上げていく覚悟が求められます。

　隣接する領域、たとえばプロジェクトのメンバーとしてソフトウェ
アエンジニアの経験があれば、何となく自分でもプロジェクトマネジ
メントをできそうな印象をもつかもしれません。

　しかし、ソフトウェアエンジニアはプロジェクト計画や要件定義、
見積り、交渉、タスクマネジメントといった領域について全体をマネ
ジメントする立場でのスキルや経験はもっていないことが通常でしょ
う。

　そうした場合、それらの領域について失敗を繰り返しながら、自分
がメンバーのときはプロジェクトマネージャーに対して不満を感じて

いたように「なぜこんなこともできないのか」と自分を責めるような状態が少なくとも数年は続く覚悟が必要となるのです。場合によっては、報酬や組織内での地位が下がることもあるため、キャリアチェンジは曖昧な期待やイメージだけでは難しいことは知っておくとよいでしょう。

　プロジェクトに取り組むということは、壮大な目的や厳しい目標の達成を掲げつつ、チームで不確実性と戦いながらタスクに埋没する日々を送るということでもあります。

　そうした日々では、地道で泥臭い調整や交渉、メンバーの専門領域からこぼれた「誰も拾わないボールを拾う」人が非常に重要な役割となります。

　ゼロからイチを生み出すプロジェクトがもつ力を十分に発揮できるようにするために、こうした役割を自分が果たせるかどうかを胸に問うてみるとよいでしょう。

　その問いに明確に「イエス！」といえるようであれば、それはきっと周囲に伝わってキャリアの道が開けるでしょう。

プロジェクトにおける「語りえぬもの」

「語りえぬものについては、沈黙せねばならない」

　20世紀の偉大な哲学者、ルートヴィヒ・ウィトゲンシュタインはこのように述べました。

　プロジェクトの知識やノウハウにも「語りえぬもの」がたくさんあります。

　プロジェクトではディスカッションやタスクの進行やアウトプットに関連して、日々多くのメッセージが関係者の間で飛び交います。しかし、ほとんどのプロジェクトは余裕のない状況で進められており、プロジェクトの進行に必要なコミュニケーションを行うだけで精一杯なのが現実です。

　そうした状況では、プロジェクトを進めるための環境整備や将来的な人材育成、キャリア設計といった組織や個人にかかわる「中長期の継続的なプロジェクトの成功」という本質的なテーマについて検討する時間を十分にとれることはきわめて稀です。

　また、プロジェクトに取り組む際の姿勢や価値観、組織のあり方、リーダーシップやストレスマネジメントの重要性、キャリア設計の考え方などの「メタ認知」は、多くの経験を積んだ個人の中に蓄積されています。

　通常、そうした人はシニアクラスのプロジェクトマネージャーだったり、多くのプロジェクトを実際に自分の目で見て把握している組織のマ

ネージャーだったりしますが、彼ら・彼女らも普段は社会関係や所属する組織の権力構造に埋め込まれて仕事をしています。

　つまり、問題の所在やその改善の仕方がわかっていても、立場によっていえることといえないことがあるのです。

　さらに、多くのシニアクラスのプロジェクトマネージャーは安請け合いや言葉選びのミスによる誤解を招いたことでの失敗を経験しているため、「口は災いの元」であることを身にしみて理解しています。だからこそ、仕事では寡黙であるという現実もあるのです。

　もっとも日本では自責思考の考え方が強いため、プロジェクトの環境面に関する改善をいい出せないといった事情もあるでしょう。

　こうしたさまざまな理由から、プロジェクトに関する多くの本質的な課題が「語りえぬもの」となっており、それが目に見えない重しのようになって、つねにプロジェクトにまとわりついて円滑な進行や成功を阻害しているのです。

　課題に対処するには、その課題を明確に認識する必要があります。
　広く社会の営みの中でプロジェクトの成功率を高めていくには、「語りえぬもの」について沈黙するのではなく、まず課題を言語化して体系的な知識としていくことが欠かせません。本書はその試みとして執筆したものです。

もう一人の自分に相談する

　私は23年にわたり多くのプロジェクトに携わってきました。

　プロジェクトにはそれぞれ個性があり、どれ一つとして同じものはありません。

「これはやったことがある」や「これは楽勝だ」と考えて取り組んだことで、リスクが見えずに足元を掬われて、危うく大きな失敗をするところだったことは何度もあります。

　プロジェクトの手法やIT の進歩のスピードはまさに日進月歩であり、つねに真剣に取り組んで自分の知識やノウハウをアップデートしないと、成功させるどころかプロジェクトについていけないということにもなりかねません。

　さらに、私自身の経歴が会社員として社内で異例だった新規のサービス開発に取り組んだり、起業して自社サービスを開発したり、フリーランスとして多くの企業にかかわったりしてきたという少し特殊なものだったことから、周囲にプロジェクトの悩みを相談する相手がいないこともよくありました。

　何億円ものプロジェクト予算の責任を背負い、限られた工期の中で発注者の期待に応えるためにどのようにしてプロジェクトを進めるかを深夜に考えているとき、あるいはまったく予測していなかった重大なトラブルの対策を検討しているとき、どうしても人に相談したくなることがあります。

　そんなときにいつもやっていたのが「もう一人の自分に相談する」ことでした。そのもう一人の自分は現在の自分が陥っている状況からは切り離されています。

たとえば「いまのプロジェクトが終わってしばらくたった5年後の自分が現在の自分にどんなアドバイスをするか」を考えてそれを指針とすることで、もっとも正しい判断をくだせるようにしていたのです。

社会的な文脈を切り離して考える

　プロジェクトの困難な状況の中では、どうしてもあきらめたり逃げたくなったりするものです。

　しかし、そうした選択をしてしまうと、後でより大きな後悔につながることを知っているため、そのとき与えられた状況でよりよい選択を行うために無我夢中で何とか編み出したのが上記の思考法でした。

　本書を執筆し終えたいまになって振り返ってみると、この「社会的な文脈を切り離してよりよい選択を考える」という日々の思考が、プロジェクトに必要な「メタ認知」を自分自身の中で体系化するのに非常に役に立っていたことに気がつきました。

　各章のテーマでも述べている通り、「そもそもプロジェクトをうまく進めるためには何が必要なのか」を理解することは、日々のプロジェクトの取り組みにおいてとても重要なことなのです。

　本書では、私がこれまでの経歴で培ってきた「相談相手としてのもう一人の自分」がもつ考え方をプロジェクトに必要なメタ認知として整理し直して、ある程度「語りえた」と思っています。

　そのもう一人の私が、読者の相談相手となって苦悩や困難を少しでも減らし、プロジェクトがもたらす実りや力を手にする一助になれば、こ

れにまさる喜びはありません。

　最後に、プロジェクトでかかわってきたすべての人々に感謝を捧げます。

2023年9月

橋本 将功

本書に関するお問い合わせ

　このたびは翔泳社の書籍をお買い上げいただき、誠にありがとうございます。弊社では、読者の皆様からのお問い合わせに適切に対応させていただくため、以下のガイドラインへのご協力をお願いいたしております。下記項目をお読みいただき、手順に従ってお問い合わせください。

■ご質問される前に

弊社 Web サイトの「正誤表」をご参照ください。これまでに判明した正誤や追加情報を掲載しています。

　正誤表 https://www.shoeisha.co.jp/book/errata/

■ご質問方法

弊社 Web サイトの「書籍に関するお問い合わせ」をご利用ください。

　書籍に関するお問い合わせ https://www.shoeisha.co.jp/book/qa/

インターネットをご利用でない場合は、FAX または郵便にて、下記 " 翔泳社 愛読者サービスセンター " までお問い合わせください。電話でのご質問は、お受けしておりません。

■回答について

回答は、ご質問いただいた手段によってご返事申し上げます。ご質問の内容によっては、回答に数日ないしはそれ以上の期間を要する場合があります。

■ご質問に際してのご注意

本書の対象を超えるもの、記述個所を特定されないもの、また読者固有の環境に起因するご質問等にはお答えできませんので、あらかじめご了承ください。

■郵便物送付先および FAX 番号

送付先住所 〒 160-0006 東京都新宿区舟町 5
FAX 番号 03-5362-3818
宛先（株）翔泳社 愛読者サービスセンター

※ 本書に記載された URL 等は予告なく変更される場合があります。
※ 本書の出版にあたっては正確な記述につとめましたが、著者や出版社などのいずれも、本書の内容に対してなんらかの保証をするものではなく、内容やサンプルに基づくいかなる運用結果に関してもいっさいの責任を負いません。
※ 本書に記載されている会社名、製品名はそれぞれ各社の商標および登録商標です。
※ 本書に記載されている情報は 2023 年 9 月執筆時点のものです。

著 者 略 歴

橋本将功（はしもと・まさよし）

パラダイスウェア株式会社 代表取締役
早稲田大学第一文学部卒業。文学修士（MA）。IT業界
24年目、PM歴23年目、経営歴13年目、父親歴9年
目。Webサイト／Webツール／業務システム／アプ
リ／新規事業／DXなど、500件以上のプロジェクト
のリードとサポートを実施。プロジェクトマネジメ
ントに関する講演や研修も行っている。世界中のプ
ロジェクトの成功率を上げて人類をよりハッピーに
することが人生のミッション。著書に『プロジェク
トマネジメントの基本が全部わかる本』（翔泳社、2022）。

装丁	OKIKATA（山之口正和）
イラスト	山形幸
DTP	BUCH+

プロジェクトマネジメントの本物の実力がつく本

組織力・コミュニケーション能力・リーダーシップ・
キャリア構築力を全部鍛える

2023 年 10 月 19 日 初版第 1 刷発行
2024 年 5 月 15 日 初版第 3 刷発行

著　　　者	橋本 将功
発 行 人	佐々木 幹夫
発 行 所	株式会社 翔泳社（https://www.shoeisha.co.jp/）
印刷・製本	株式会社 加藤文明社印刷所

Printed in Japan